グリーフケアの時代

The times of grief care

「喪失の悲しみ」に寄り添う

上智大学グリーフケア研究所
島薗 進　鎌田東二　佐久間庸和
Susumu Shimazono　Touji Kamata　Tsunekazu Sakuma

弘文堂

まえがき

大切な人の死によって、からだの一部をもぎとられたような衝撃を受けたり、心に大きな空白ができてしまったように感じ途方に暮れたといった経験をした人は多い。死別による悲嘆ということであれば、ある年齢以上の人なら身に覚えのあるのがふつうかもしれない。親やきょうだい（さらには、祖父母、おじおば、いとこ）との死別はごくふつうのことだが、逆に子供の死に立ち会うのは辛い。親やきょうだいが死んだ子供の辛さは代弁するのも困難だろう。

こうした喪失による重い悲しみを、グリーフとか悲嘆と呼ぶ。すぐに思い浮かぶのは、近しい他者との死別だが、生き別れ、大切な仕事や生活の場の喪失、誇りや生きがいの喪失など、悲嘆をもたらす喪失の原因はいろいろある。そして、悲嘆を抱えながらも、新たな生活の形へと向かっていける人もあるが、なかなかそれができない人もいる。また、悲嘆を人と分かち合うことができないために、胸がふさがれて苦しんでいる人もいる。

グリーフケアが人々の関心にのぼってくるようになったのは、こうした悲嘆に苦しむ人が増えてきたことがその一因だ。孤独な心の苦悩のなかには悲嘆が大きな要素をなしていることが少なくない。二〇世紀末、そして二一世紀に入る頃から、「グリーフケア」という言葉が使われる機会が増えてきている。「心の病」や「心のケア」といった言葉と並んで、「グリーフケア」という言葉が広まる時代となった。「グリーフケアの時代」と言ってよいだろう。

だが、個人的な悲嘆も家族や親しい人によって分かち合われると耐えやすくなる。また、災害や戦争や大事故などの社会的に大きな出来事があると、悲嘆が多くの人々に共有される。そこで、社会は悲嘆を分かち合う形を育ててきた。悲嘆を分かち合う場にはどのようなものがあり、悲嘆を分かち合う文化はどのように変化してきたのだろうか。死者とともに生きる文化は人類史の早い時期から培われてきた。古典のなかに今も人々の胸を打つ言葉が見出されるが、「悲嘆を分かち合う文化」の歴史が人類史とともにあることが思い起こされる。

本書は「グリーフケアの時代」である現代を見つめるとともに、人類文化の歴史のなかで「悲嘆を分かち合う文化」、「グリーフケアの文化」を見直そうとするものだ。著者の三人は、人類文化史のなかで「グリーフケアの文化」を捉えるという問題意識を共有し、ともに語り合うことが多い。映画はとくに盛り上がる話題だが、また、世界の宗教文化や儀礼文化の歴史について論じ合い、日本の宗教文化、儀礼文化の未来についても語り合う仲である。

本書ではその三人が、それぞれの立場から文化史のなかの「グリーフケアの時代」を問おうとしている。文化史的な視点からの「グリーフケア入門」といってもよいだろう。どこから読み始めていただいてもかまわない。そして、読者各位が自らの悲嘆を捉え直す糸口を見出していただければ幸いである。

二〇一九年七月

島薗　進

目次

第3章 グリーフケア・サポートの実践

佐久間庸和

第1章

現代日本人の死生観

島薗　進

島薗 進（しまぞの すすむ）

1948年、東京都生まれ。東京大学文学部宗教学・宗教史学科卒業。

東京大学文学部・大学院人文社会系研究科宗教学・宗教史学研究室教授を経て、2013年から上智大学グリーフケア研究所 所長。主な研究領域は近代日本宗教史、死生学。

『精神世界のゆくえ』『〈癒す知〉の系譜』『スピリチュアリティの興隆』『宗教学の名著30』『国家神道と日本人』など著書多数。

一　ふるさとが蘇る？

「グリーフケア」の語が身近になる過程

私は二〇一三年に上智大学グリーフケア研究所の所長として赴任した。特任所長に髙木慶子シスターがおられ、名誉所長は日野原重明先生だった。日野原先生は私より三七歳、年長でいらっしゃったし、髙木先生はスピリチュアルケアやグリーフケアに長く携わって来られた方である。所長とはいえ、大先輩のお二人に付き従うような形で、グリーフケアの研究や教育に、また研究所の運営に携わるようになったのだった。それまで私は東京大学文学部で宗教学や死生学の研究教育に携わってきた。宗教学と死生学は関係が深いが、自分なりのグリーフケアの理解の深化に努めながらこの六年ほどを過ごしてきた。

日本の大学でその名に「グリーフケア」を掲げている機関は、上智大学グリーフケア研究所だけだろう。そのグリーフケア研究所は二〇〇九年に聖トマス大学に設立され、翌年、上智大学に移管されたものである。

設立の背景には、二〇〇五年に起こったJR西日本福知山線の脱線事故があった。それに先立つ一九九五年の阪神淡路大震災の記憶も関西の人々の心に残っていた。関東では二〇一一年の東日本大震災によって、「グリーフケア」の語が急速に広まるようになった。

二〇〇九年は滝田洋二郎監督、小山薫堂脚本、本木雅弘主演の映画『おくりびと』が第八一回アメリカ・アカデミー賞外国語映画賞を受賞した年である。「おくりびと」とは死者の顔やからだを美しく整え、あの世への旅立ちの装束をつけて棺に納める仕事を請け負う業者を指すものだ。作品では、「おくりびと」が行う「死」の儀礼の描写が、反復されるハイライト・シーンになっている。死のタブーを背負わされ、社会の片隅に追いやられがちな存在がヒーローとなる。死を正面から見つめることが促されていると解釈するのは自然である。

絆の回復と故郷

「おくりびと」は全体として、荒々しく残酷な死の衝撃を語るとともに、葬送儀礼の軽視されてきた側面がもつ美的な力により、死の断絶が受け止めうるものになることを語っている。だが、それとともに、死を経ることで親子の根深い葛藤が克服されうること、そして家族の絆が回復されうることを示唆している。

銭湯の女性営業者であるツヤ子の息子は、母を送るとき、母の意思に反し争い続けてきたことを激しく悔いて、「母ちゃん、母ちゃん、ごめんの、ごめんの」と繰り返し母に許しを乞う。他の葬送の場面でも、たびたび和解への歩みが示唆されているが、その楽観性に違和感を覚える人もいるだろう。しかし、多数の観衆はそこでほっと涙を落とす。

この作品はまた、故郷の復興を希望的に語ってもいる。死にゆく人の旅立ちは鳥海山を背景とした白鳥たちの飛翔のように美しい。それはまた、川を遡って自らが産み落とされた故郷に帰り死を迎える魚の、けなげな一生が報いられることへの期待でもある。素朴な様態の銭湯は存続が可能になるだろうし、段ボール箱一つの所有物とともに世を去った主人公・大悟の父の質素な生きざまや、東北のいなかの素朴ながら人情味あふれる生活は、美しい自然を背景にチェロを演奏する主人公や、都会風の妻や妻のお腹の子によって継承されていくだろう。

いのちの源としての「故郷」

近代科学が広まり死生観が変化して、死別に伴う喪の文化が失われていく。親しい人の死を経験し、葬儀等の儀礼に加わって悲嘆をともにする――子供がこのような経験をしにくくなっている。すでに一九六〇年代にイギリスの社会人類学者、ジェフリー・ゴーラーはそのように論じていた。だが、二〇世紀のその頃までは、大人も子供もともに悲しい歌を歌うという機会が多かったように思う。しかし、一九八〇年代頃からそのような経験も後退していったのではないか。悲嘆を分かち合う儀礼が後退し始めた後も、悲しみを分かち合う「うた」はなお力を保持していた。だが、それも危うくなってきた。

悲しみを分かち合う懐かしい「うた」には「唱歌」や「童謡」や「歌謡曲」がある。「唱歌」の例は、高野辰之作詞の「故郷」である。二〇一七年は上智大学グリーフケア研究所の名誉所長であり、日本スピリチュアルケア学会の理事長だった日野原重明先生が一〇五歳で亡くなった。私はそのご葬儀と日本スピリチュアルケア学会の追悼の集いに参加したが、どちらでも「故郷」が演奏されたり、歌われたりした。日野原先生ご自身が愛好された歌ということだった。

兎追いしかの山　小鮒釣りしかの川　夢は今もめぐりて　忘れがたき故郷
如何にいます父母　恙なしや友がき　雨に風につけても　思い出ずる故郷
志をはたして　いつの日にか帰らん　山は青き故郷　水は清き故郷

この歌は一九一四年に『尋常小学唱歌』に掲載された文部省唱歌である。「唱歌」は明治期以来、国が主導権をもって作り、学校などを通して広めたもので道徳的教訓や知識の記憶に役立てようというものも多い。（渡辺裕『歌う国民──唱歌、校歌、うたごえ』中公新書、二〇一〇年）

古くなった「故郷」

この歌を歌って涙が出るのは、帰りたいけれども帰れない故郷の美しい自然と懐かしい人々を思うからだろう。その自然はもう失われているかもしれない。人々ももう世を去ってこの世にいないかもしれない。自分のいのちを育てた父母や環境、自分のいのちと分かちがたかった大切なものの喪失に思いをいたすから悲しいのだ。だが、その尊い故郷はまだ残っていて帰っていける可能性がある。その希望も伝えている。「喪失のうた」であると同時に「望郷のうた」でもある。

「故郷」という歌は私も好きな歌だったが、私が大学生だった一九七〇年頃には、この歌は時代遅れで歌われなくなっていくだろうと感じていた。それはまず、豊かな自然環境がある故郷があると感じている人が減っていくだろうということがあった。私自身、東京生まれで一〇歳までは東京で暮らしたが、その間に二つの区の三つの場所に住んだ。三つ目の住まいはコンクリートの四階建て二棟のアパートの四階だった。一〇歳から一八歳までは石川県金沢市に住んだ。ここは自然環境が豊かで山や川が近く、蛙はうるさく、蛍もいたし、農作物にふれたり、川で泳ぐこともあった。「故郷」というと東京より金沢という感じだ。もしずっと東京に住んでいたら、故郷があるとは感じなかったのではないだろうか。

復活した？「故郷」

ところが、昨今は「故郷」はどうも人気を取り戻したのではないかと感じている。一つには、東日本大震災と福島原発災害後に「故郷」の歌を聞く機会が増えた。津波と原発事故で美しい東北日本の自然が破壊された。津波の被害は自然災害だが、その後に巨大防潮堤ができて景観と生活環境の双方が悪化したと感じた人は多かった。原発事故がもたらした放射能による環境汚染は、多くの避難者・移住者を生み出した。「故郷喪失」が嘆かれ、故郷の自然・人間双方の環境を取り戻すことが願われた。一人ひとりにとっての故郷というよりも、人間と生き物のいのちを育む環境としての「故郷」が失われていくことを嘆き、その回復を願うという心情がこの歌に託されるようになったのだ。いのちを生み育む母なる大地という意味合いが「故郷」の言葉に込められるようにもなった。

まったく異なる文脈でも、「故郷」は人気を得ているようだ。上智大学グリーフケア研究所の高木慶子特任所長によると、今の高齢者世代に限定してのことであるが、死が間近な人が枕元で聞きたいと願う曲のなかで、「故郷」は一、二を争うということだ。そういえば、と思って歌詞を見直すと、一番は自らのいのちの源である自然への感謝、二番は親や家族や同郷の人々とのつながりの確認と感謝と読める。そして三番目だが、「志をはたして　いつの日にか帰らん」というのは、自分の一生を振り返り、自分の人生の総体を受け入れて、世を去る心を定めていくことが示されている。そして、高木慶子シスターは「いつの日にか帰らん」というのは、母のふところに帰るということかもしれないし、大いなるもののふところに帰るということかもしれない。いずれにしろ、この歌詞を聞きながら安らぎの場に行くと感じ取ることができるのだという。故郷を思うことで、死といのちの源が一体のものと感じられていくのだ。故郷喪失が切迫感をもって感じられることで、かえって望郷の念に現実味が高まっているかのようだ。

妣《はは》が国へ　常世《とこよ》へ

死と生、死者と生者が隣り合わせに居てすぐに顔を合わせるというような世界ということでは国文学者であり、民俗学者であり、詩人でもあった折口信夫が思い起こされる。折口信夫は妣《はは》(母)のふところに帰るというような望郷の念と日本人の死生観を重ね合わせて捉えようとした。

一九二九年に刊行された『古代研究　民俗学篇1』（『折口信夫全集』〔以下、全集と略す〕第二巻）の冒頭に収録された「妣《はは》が国へ・常世《とこよ》へ――異郷意識の起伏」は日本・沖縄の民俗文化に見られる円環的、永遠回帰的な時間意識を巧みに表現した名文としてよく引用されるものだ。

十年前、熊野に旅して、光り充つ真晝の海に突き出た大王ヶ崎の盡端に立つた時、遙かな波路の果に、わが魂のふるさとのある様な気がしてならなかつた。此をはかない詩人気どりの感傷と卑下する気には、今以てなれない。此は是、曾ては祖々の胸を煽り立てた懐郷心（のすたるじい）の、間歇遺伝（あたゐずむ）として、現れたものではなかろうか。

すさのをのみことが、青山を枯山なすまで慕ひ歎き、いなひのみことが、波の補を踏んで渡られた「妣が國」は、われ〳〵の祖《おや》たちの恋慕した魂のふる郷であつたのであらう。いざなみのみこと・たまよりひめの還りいます國なるからの名と言ふのは、世々の語部の解釈で、誠は、かの本つ國に関する萬人共通の憧れ心をこめた語なのである。（五～六頁）

「アタヴィズム（atavism）」は「先祖返り」「隔世遺伝」などの訳語が与えられる用語である。予期せぬときに古い思考や情念が蘇ってくる人間精神のあり方に注目している。折口は母であるイザナミと異なるこの世にいるスサノオの悲嘆と、母がいる死者の国に帰りたいという望郷の念に日本人の死生観の原型を見ようとした。

　宗教に遠ざかり死生観を見失ったかに見え、新たにグリーフケアが求められるようになった現代日本人だが、あらためて伝統的な死生観をつかみ直そうとしているのかもしれない。グリーフケアは伝統的な死生観という資源をさまざまに活用しつつ、現代人の心のあり方にかなった「悲嘆の文化」を求めようとしている。

二　「喪の仕事」と宗教文化

フロイトのグリーフ論

今、グリーフ（悲嘆）と呼ばれているものが医療や心理学で重要なキーコンセプトとなることを示したのは、精神分析の創始者、ジークムント・フロイト（一八五六〜一九三九）だ。一九一七年にフロイトは「喪（悲哀）とメランコリー」という論文を発表している（『フロイト著作集』六、人文書院、一九七〇年）。死別の悲しみに耐える「喪」は英語で「モーニング（mourning）」という。日本語で「喪」というと、お通夜や葬式に来ていく「喪服」とか、年賀状のかわりに出す「喪中」の葉書を思い起こす。監督や同僚などが亡くなったとき、スポーツ選手が「喪章」を着けて試合に臨むのも目にしたことがあるかもしれない。

「喪」は死者を悼み、その気持ちを形にして表し、自らの行為をつつしむことを意味する。そこで「喪に服する」という表現がある。国旗などを高く掲げずに、途中の高さに掲げるのを「半旗」を掲げるといい、喪に服していることを示す。近年では喪に服することをはっきり示す機会が減ってきているが、形に表さなくても気持ちでは喪に服しているということもある。にぎやかな場には出ていかない、仏壇に線香を絶やさないようにするなどということもある。

「喪」というのは外的な形にとどまらず、内面、つまり心の内側でも何かを行っているとすれば、それは何か。フロイトはそれを「喪の仕事」と呼んだ。英語の「グリーフ」や「モーニング」にあたるドイツ語は「トラウエル（Trauer）」だが、「喪の仕事」にあたるドイツ語は「Trauerarbeit」だ。「喪の仕事」は「悲哀の仕事」「悲嘆の仕事」とも言える。英語に直すと「グリーフワーク」となる。さまざまな喪失に伴う悲嘆の仕事のうち、とくに死別による喪失の後のものが「喪の仕事」とも言える。大切な人を亡くした人は、その人に向けられた自分の心のエネルギーを捉え返しながら、その向かっていく対象の喪失を受け入れていく。

喪の仕事

フロイトは喪（悲哀）の状態にある心をうつ（メンラコリー、鬱）の状態の心と比較している。「悲哀はきまって愛する者を失ったための反応であるか、あるいは祖国、自由、理想などのような、愛する者のかわりになった抽象物の喪失に対する反応である。これとおなじ影響のもとにあって、病的な素質の疑われる人たちでは、悲哀のかわりにメランコリーが現われる」（『フロイト著作集』六、一三七頁）。それが悲哀だとわかっている場合には、精神科医や精神分析家はそれを病気とは見なさない。やがて克服されていくことを予想できるからだ。だが、両者ともに「苦痛に満ちた不機嫌、外界への興味の喪失——外界が愛する者の思い出につながらぬかぎり——、新しく愛の対象を選ぶ能力の喪失——悼まれる者のかわりになるかもしれないのに——、死者の思い出に関すること以外のあらゆる行動を回避する」（一三八頁）ことなどだ。

人が喪（悲哀）の時期を過ぎてゆくときにする心の仕事はどのようなものか。フロイトは心的エネルギー（リビドー）の向きを変えることとして捉える。「現実検討によって愛する対象がもはや存在しないことがわかり、すべてのリビドーはその対象との結びつきから離れることを余儀なくされるが、これに対し当然の反抗が生ずる——よく見られることだが、人間はリビドーの向きを変えたがらず、かわりのものが、もう誘っているというのに、それでも変えないものである。この反抗は強いため、現実から顔をそむけることになり、幻覚的な願望精神病になって対象に固執することになる。正常であることは、現実尊重の勝利をまもりぬくことであるが、その使命はすぐにはたされない。それは時間と充当エネルギーをたくさん消費しながら、ひとつひとつ遂行してゆくのであって、そのあいだ、失われた対象は心の中に存在しつづける」（同前）

ここから現実にそったリビドー充当に向けられるまで、心のなかの失われたものとのやりとりが進められる。これが「喪の仕事」だ。

「対象喪失」と愛のゆくえ

とりあえず大切な他者は愛着の対象だから、その愛着を捉え直さざるを得なくなる。自分が多くを分かち合い、愛着だけでなく恨み・憎しみを含めて多くの心的エネルギーを投じてきた相手と自分自身の関係を捉え直し、心的エネルギーをいわば内に収めていく。心のなかで愛の対象が喪われていくわけだから、「対象喪失（object-loss）」が起こっているわけだ。愛が拒まれるような事態なのだが、それは愛そのものの否定ではないことを納得していくことができれば、新たな心のなかの対象に愛を向けていくことができるようになる。これができない状態が続くと、現実に対して関心がもてず内にこもるようなことになる。その状態はうつ状態に似ている。

この閉塞状態を打開していくためには、グリーフワークが有効に行われ、新たな愛着と関心をもって他者に、また世界に心的エネルギーを向けていくことができるようにならなくてはならない。このように「喪の仕事」という言葉は、悲しみは心の「仕事」だということを示している。実は、フロイトは自分の父が死んで、心がふさがって苦しんだことがあった。だが、その苦しみのなかから精神分析という新しい思想と学問分野を生み出していく。自らのその経験も踏まえて、彼は「喪の仕事」という概念に至る。

愛の対象が失われる、自分が大事にしている世界が失われるというときに、死んだ人はいなくなるのだろうかと考えてもいいだろう。死んだ人は、残された人にとっては、ある意味ではたいへんリアルに存在している。死者は遺された者に語りかけてくるように思うし、自分の気持ちがそこへいつも向かっていく。死んだ人はいないとはなかなか言えない。でも、その人がこちらに働きかけてくることはない。心にとっては「いる」にもかかわらず、現実には「いない」ということが対象喪失ということの意味だ。そこで、現実には「いない」が心のなかに今も「いる」他者との関わりが問い直される。だから、心の作業が続くのだ。

喪の文化がまだ健在だった頃

グリーフケアが登場してくる前に「悲しみを分かち合う文化の後退」があったのではないか。この問題について正面から問うた書物が、一九六〇年代に著されている。ジェフリー・ゴーラー（一九〇五〜八四）の『死と悲しみの社会学』（原著、一九六五年、原題、*Death, Grief, and Mourning*）である。この本には「自伝的序論」があり、この本の論点が個人的な経験と結びつけて印象深く語られている。

ゴーラーは一九一〇年五月のエドワード七世の死のときについて鮮明な記憶をもっていた。日曜日に乳母が子供たちを公園に連れていってくれたのだが、陽光を楽しもうと来ている人が多かったが、女性は皆、喪服を着ていたという。それ以外にも死を身近に感じる機会が少なくなかった。街角では葬送の行列に出会うことが多く、子供たちは行列が通り過ぎるまで帽子を脱いでじっとしていなければならなかった。一〇歳のとき、父が亡くなったが、それはドイツの潜水艦に沈められた客船ルシタニア号に商用で乗っていたためだった。ゴーラーは自分の母は幸運だったという。第一次世界大戦による死者は多く、この頃、喪服姿の婦人は頻繁に見られた。喪服のきまりを守りながらも、負傷兵の世話をする仕事に携わることができた。

母の生活にあいた穴は、熟練を要する有益な仕事によって適切に埋められたのである。それ以前の時代であれば、彼女がこれほど頼りにされることはなかったであろう。また、ずっと後の時代であったなら、母は自分を支えてくれた服喪儀礼の恩恵にもうあずかれなかったであろう。儀礼が存在していたお陰で、いちいち自分で決めねばならぬといううんざりする行為を、母はしないで済んだのである。（一八頁）

悲しみを分かち合う儀礼の後退

ゴーラーは二〇世紀の二つの大戦を経る間に、喪の儀礼が急速に失われていったと捉えている。その要因の一つとして、戦死者の妻たちへの配慮があったのではないかという。彼女たちが長い期間、喪に服しているよりも、新しい人生に向かっていくことを認めようとする考え方が作用したのではないかと推測している。

ゴーラーの生涯でつらかった死別の体験は子供のときの父との死別の体験と、第二次世界大戦後の弟ピーターの死だった。壮年期で優秀な学問研究に取り組み、幸せな家庭生活を送っていた弟ががんで亡くなった。それが致死的ながんであることを、ピーターの妻に知らせるべきか迷った。この頃は死が近いと告知することはイギリスでもなされていなかった。結局、知らせることになったが、家族は皆、つらい思いをもち続けた。ピーターの死後も友人らはピーターの死に触れるのを好まなかった。それは妻のエリザベスにとっても兄のゴーラーにとっても慰めの乏しい重苦しい日々の継続となった。

ゴーラーが弟の死について述べていることは、死に触れない、死を隠す、当時のゴーラー周辺の人々の文化的好みと関わっている。宗教儀礼にあまり親しみを感じていない彼らの社会階層や受けてきた教育のあり方によって、悲嘆のプロセスがとどこおっているとゴーラーは示唆している。当時のイギリスで医療関係者や知的な思考を重視する人々は、死に関わる儀礼を軽視し、結果的に死を隠すような文化傾向を後押しすることになっていったと捉えられている。

三　ともに唱歌・童謡を歌う国民だった頃

「赤とんぼ」と童謡

二〇一七年九月の日本スピリチュアルケア学会の日野原重明先生追悼の集いでは、「故郷」とともに「赤とんぼ」も演奏された。三木露風作詞、山田耕筰作曲で一九二一年に作られたこの歌は、「兎追いしかの山」から始まる「故郷」のような「唱歌」ではなく、「童謡」のカテゴリーに入るものだ。

夕焼け小焼けの　赤とんぼ　負われて見たのは　いつの日か
山の畑の　桑の実を　小籠に摘んだは　まぼろしか
十五で姐《ねえ》やは　嫁に行き　お里のたよりも　絶えはてた

夕焼け小焼けの　赤とんぼ　とまっているよ　竿の先

これは幼児の頃を思い出し、いのちの揺籃ともいうべき、今では遠ざかったその過去の環境を懐かしんでいる歌だ。辛いほど悲しいとか、取り返しがつかない喪失を嘆いているというのではないが、失われた親しみ深い過去の環境への郷愁、あるいは望郷の念が基調となっている。

童謡というジャンルは、一九一八年に『赤い鳥』が創刊されて生み出され、一九二〇年代の終わり頃まで次々とヒット曲が生み出された。大正期と昭和初期が主な創作時期である。「上から教える」要素が色濃かった「唱歌」に対して、童謡は子供たち自身が親しみやすい言葉で、また子供たち自身がおもしろいと感じるような意味内容が語られていた。唱歌は文語がしばしば混じり、子供たちには意味がわかりにくい言葉も多いが、童謡では話し言葉に近く、擬態語・擬声語が多用され、言葉あそびも好まれた。葛原しげるの「夕日」（一九二一年）に「ぎんぎんぎらぎら夕日が沈む」とか「まっかっかっか空の雲」とあるのはわかりやすい例だ（金田一春彦『童謡・唱歌の世界』主婦の友社、一九七八年、講談社文庫、二〇一五年）。

野口雨情と悲しい歌

金田一春彦によると童謡の作詞家でもっとも人気があったのが野口雨情である。その野口の童謡の歌詞には親のない子、みなし子が登場することが多い（古茂田信男『七つの子　野口雨情　歌のふるさと』大月書店、一九九二年、上田信道編『名作童謡　野口雨情　１００選』春陽堂、二〇〇五年）。「十五夜お月さん」は以下のような歌詞だ。

十五夜お月さん　ご機嫌さん　婆やは　お暇とりました
十五夜お月さん　妹は　田舎へ　貰《も》られて　ゆきました
十五夜お月さん　かあさんに　も一度　わたしは　逢いたいな

「蜀黍《もろこし》畑」は次のようなものだ。雨情の故郷である茨城県北茨城市の磯原の情景を描いたものとされる。

お背戸の　親なし　はね釣瓶　　海山　千里に　風が吹く

蜀黍畑も　日が暮れた　鶏　さがしに　往かないか

この歌詞について、雨情は現在の北茨城市にあった生家での経験に根ざしたものだと述べている。

唐黍畑《とうきび》はさわさわと「野分けが吹いて、日も早や暮れようとしておるのに、鶏はまだ帰って来ない。お背戸（家の裏口——島薗注）の井戸端のはね釣瓶よ、お前も親なしの一人ぼっちで、さぞ、さびしいだろう。私と一緒に鶏をさがしに行かないかという、気持を歌ったのでありますす」。（『童謡と童心芸術』同文館、一九二五年、二二九頁）

故郷から遠くへ去った子供

「赤い靴」「青い眼の人形」「七つの子」（いずれも一九二一年）など、どれも子供が母や故郷から離れている情景が浮かんでくるものだ。死んだ子供を偲ぶ歌との解釈をする人も少なくない「シャボン玉」（一九二二年）も、そう思うからか、悲しみを歌った歌と感じられるだろう。

シャボン玉　飛んだ　屋根まで飛んだ　屋根まで飛んで　こわれて消えた
シャボン玉　消えた　飛ばずに消えた　生まれて　すぐに　こわれて消えた
風　風　吹くな　シャボン玉飛ばそ

この歌詞は、野口雨情が最初の妻との間に生まれて早逝した子供を思い起こして作ったという。童謡の常として、言葉が少なくて何か対応する事実があるのかよくわからない。だからこそ想像をふくらませることができるのだが、雨情には親子の親しみと悲しみを思わせる歌が多いというのは確かである。雨情は江戸時代の俳人、小林一茶に強く惹かれていたようだ。一茶は二歳で母親を失い、五二歳で初めて結婚して、次々と四人の子供が生まれては死んでいった。『おらが春』は長女さとの死と、親の死別の痛切な悲しみを記した俳文作品である。

童謡が盛んに創作されたのは短い時期のことだった。だが、その時期に創られた童謡は、その後数十年にわたって歌われ続けた。大人も子供も童謡を知っているという時期があった。それはいつ頃までのことだったのだろうか。「赤い鳥小鳥」「あわて床屋」「からたちの花」「この道」「ペチカ」「待ちぼうけ」はいずれも北原白秋の作詞だが、この題を見ただけで、メロディが浮かんでくる人はどれほどいるだろうか。一九二〇年頃から二〇年間ほどの間に一気に創られたこれらの歌が、数十年にわたって老若男女に親しまれた。戦時中はあまり歌われなかったかもしれないが、戦後には復活し愛好され続けた。それは一九七〇年頃までの時期だったのではないだろうか。

「大衆のナショナリズム」の底上げ

詩人で批評家の吉本隆明は、一九六四年に「日本のナショナリズム」と題された論文を公表した（吉本隆明編『現代日本思想大系4　ナショナリズム』筑摩書房）。そこでは、「大衆のナショナリズム」が広く国民全体に共有されていた時期があると捉えられている。確かに高齢者から子供まで多くの国民に童謡が愛好された時期があった。国民共同体において、喪失の悲しみと望郷の念の共有・分有がなされうると感じられた時期と言える。

ところが、吉本は昭和期に入ると、次第に「農村、家、人間関係の別離、幼児記憶」などの具体的表象が失われ、漠然とした概念的な共同意識や喪失感になっていくという。吉本は故郷の実感の喪失を「大衆ナショナリズム」の「底上げ」とよんでいる。その「底上げ」が早くも戦時中には進んでいたとする、その例として、一九四一年の「たきび」（巽聖歌作詞）があげられている。

かきねの　かきねの　まがりかど　　たきびだ　たきびだ　おちばたき
「あたろうか」「あたろうよ」　　きたかぜ　ぴいぷう　ふいている

これは生まれ育った家の近隣の情景なのだろうが、豊かな自然の実感がない。「たきび」をすることができるということが今では懐かしいかもしれないが、そこにどのような人がいるのかはわからない。大都市の街かどの光景とも言える。これは、「故郷」の絆を希望として描き出すことが困難になってくる状況を表しているようだ。吉本はそのことと昭和期の超国家主義（天皇制ファシズム）の台頭は符節を合わせているとする。多くの人々が総力戦によって、「日本」そのものを故郷と幻想しつつ、全面参加と自己犠牲を規範とし、故郷喪失の代償を求めるに至ったのだという。

だが、戦後も「大衆ナショナリズム」はなお一定の力を保ち続けたと考えたい。たとえば、岩波文庫の『日本童謡集』は一九五七年が第一刷だが、私が所持している二〇〇五年のものは六二刷である。その間に需要があり続けたこと、また、新たに続編を刊行する必要性は感じられなかったことがわかる。一九二〇年代が主要な創作時期である童謡は、戦後生まれの世代にもある程度の親しみ深さを保ち続けたのだ。

悲しみを共有・分有することの困難

では、「大衆ナショナリズム」の「底上げ」が決定的になったのはいつだろうか。私は一九七〇年代以降ではないかと考えている。これについては十分に立証することはできないが、宗教団体の共同性の変容という観点からの傍証をあげておきたい。

近代日本の新宗教は新たな「故郷」を提供する機能をもった。一八三〇年代に教祖が経験した原体験を踏まえて発生した天理教において、天理教発生の地は「おぢば」とよばれ「人類誕生の地」、つまりは「人類全体の故郷」と信じられた。天理市にある教会本部の神殿への参拝は「おぢばがえり」とよばれ、今も天理市に入ると「ようこそおかえり」の文字があちこちに見える。教祖中山みきは「おやさま」とよばれ、人類を創造した神は「おやがみ（親神）」とよばれる。

この例に見られるように、一九世紀前半から新たな聖地を思い描き、信仰に基づく地域共同体の再建を進めようとする新宗教が発展していく。新宗教は故郷喪失の経験をもつ人々が、新たな故郷を再建する運動と見ることができる。そして、新宗教がもっとも急速に成長したのは一九二〇年代から六〇年代にかけての五〇年ほどの間のことだった。この時期に多くの国民が新宗教という新たな共同体の構築に勤しんだ。そしてそれは「大衆のナショナリズム」を基盤としたものだった。これはまさに、童謡が多くの国民に愛好された時期と重なっている。

そして、一九七〇年代以降は、共同体を再建するタイプの新宗教の発展が後退する。温かい絆をもつ仲間づくりによって、喜怒哀楽を分かち合う共同体の発展が困難になってきたのだ。ベネディクト・アンダーソンはナショナリズムを「『想像の共同体』」であると特徴づけた（『想像の共同体――ナショナリズムの起源と流行』リブロポート、一九八七年)。これは「国民」を共同体として想像することを指している。だが、「国民」が堅固な共同体として想像されるには、住民の間でさまざまな共同体が実際に機能し、感情の共有・分有が容易になされる社会の様態があった。分かち合い、分かちもつ共同体経験があるからこそ、国民共同体を想像する際にもリアリティが感じられたのだ。

悲嘆の共有・分有についても同様のことが言えるだろう。地域共同体や親族共同体とともに、国民共同体が実感されるときには、多くの住民が悲嘆の共有・分有を実感することができた。老若男女が童謡を一様に愛好する社会は、なお悲嘆の共有・分有を前提にすることができる社会でもあった。二〇世紀の最後の四半世紀ほどから後、人々は悲嘆の共有・分有ができる共同体に自らが所属しているという実感を失っていった。

グリーフケアの必要性が強く感じられるようになったのは、こうした変化があったからである。二〇〇〇年代に入ってグリーフケアを求める日本人が急速に増加したことは、こうした「想像の共同体」の歴史を背景に捉えるとだいぶ理解しやすくなる。

四　悲嘆を分かち合うことが困難になる

悲しみをともにするという感覚

グリーフケアが求められる時代とは、悲嘆を分かち合うことの困難が強く実感される時代でもある。童謡が流行った時代（二〇世紀の中葉）は、漠然とした悲しみを表現した童謡が老若男女に歌われた時代だった。そこでは、喪失を嘆きつつ、遠方から故郷を思う望郷の歌が好まれた。童話のなかには悲嘆を分かち合うことへの希望の心情が表現されたものが多かったということである。だが、第二次世界大戦後はそうした喪失と望郷の歌をともに歌う機会も次第に減っていった。

ジェフリー・ゴーラーは悲嘆の文化の後退の背景として、宗教的な儀礼と教義の衰退を見ていた。それはそれで意義深い洞察である。日本でもこの経過をよく理解する必要がある。だが、悲嘆を分かち合うことの困難は宗教的な儀礼の後退という観点からだけでは十分に理解できない。

童謡を例に考えようとしたのは、広く人々の共同性や共感のあり方がどのように変化してきたかを見るのも重要だという理由からである。

このことを直感的によく捉えていた人に、日本の民俗学の創始者である柳田國男（一八七五〜一九六二）がいる。柳田國男が一九四一年に語った講演をもとに、後に「涕泣史談《ていきゅう》」と題されたものがある（『定本柳田國男集』第七巻、一九六八年）。この文章で柳田國男は、近年になって日本人はあまり泣かなくなったと書いている。悲しみを表現するのがへたになったというのだ。

こんな例が引かれている。「……二十歳の夏、友人と二人で、渥美半島の和地の大山へ登らうとして、麓の村の民家で草履をはきかへて居たら……婆さんが一人、近くよつて来て色々の事を尋ねる。何処の者だ、飯は食つたかだの、親は有るかだのと謂つて居るうちに、わしの孫もおまへさんのやうな息子であつた、東京へ行つて死んでしまつたといふかと思ふと、びつくりする様な声を揚げて、真正面で泣き出した。あの皺だらけの顔だけは、永遠に記憶から消え去らない」（三三四頁）。柳田は一八九〇年代に、若い自分たちを見て亡くなった自分の息子のことを思い出し、若者たちに自らの深い悲嘆を隠しもしなかったこのお婆さんに強い敬意をもってこの文章を書いている。

死者のためにともに泣く生者たち

こんな人が少なくなった。言葉で表現する力が発達してきたので泣かないのかというとそうでもない。言葉で悲しみを表すのも紋切り型で心がこもっていない。柳田國男は日本海岸の各地で、お盆やお彼岸に死者を迎えようとして、「ぢい様ばあ様、このあかりでおでやれおでやれ」といい、帰るときには「おいにやれおいにやれ」などと「高いかなしい声で喚んで居る」という例をあげて、こう述べている。

それをコナカリなどと称して、主として小児の役のやうになつて居るが、とにかく生きた人ばかりか、死んだ眼に見えぬ人の霊にまで、やはり心のかなしみの声を、聴かせる必要を昔の人は認めて居たのである。（三四〇〜三四一頁）

「コナカリ」の意味はよくわからないが、柳田の注目点が、かつては子供も参加して死者たちへの悲嘆の気持ちを分かち合う、こうした儀礼があったということにあるのはわかる。死に向き合わざるを得ない人々の心を深いところで支えてきたことを柳田は示唆している。

「涕泣史談」が書かれたとき、柳田國男は六五歳になっていた。この四五年の間に日本の「悲嘆を分かち合う文化」が大きく力を弱めているのではないかと柳田は感じていた。だが、その後、アジア太平洋戦争が始まり、日本人だけでもおよそ三〇〇万人の生命が失われていった。そして、日本は植民地を失い、西洋の強国と覇を争うことによる悲嘆を日本人はどのように経過してきただろうか。

この問いは容易ではない。一五年戦争、すなわち満州事変からアジア太平洋戦争に至る時期の戦争死者を弔う行事は今も重い意味を担って行われ続けている。八月六日や九日の広島や長崎の原爆の慰霊は、今もテレビや新聞で大きく報道される。八月一五日には、日本武道館で正午少し前から全国戦没者追悼式が行われる。これは、一九五二年五月二日に新宿御苑で初めて行われ、紆余曲折を経て一九六五年からは八月一五日に日本武道館で行われているものだ。式場正面には「全国戦没者之霊」と書かれた白木の柱が置かれ、黙禱に続いて、天皇・皇后両陛下が壇上で「おことば」を読み上げる。その後、衆議院議長、参議院議長、最高裁判所長官、戦没者遺族代表の追悼の辞があり、献花がなされて終わる。この式典の情景はＮＨＫテレビで全国に放映される。それを見ている限りは静かな追悼の集いである。

戦死した若い軍人・兵士の追悼の困難

だが、日本人がアジア太平洋戦争の死者を追悼するときに、気持ちを一つにし悲嘆を分かち合うことができているかというと肯定的に答えるのは困難だ。悲嘆を分かち合うことの困難さで、すぐに思い起こされるのは、戦死した若い軍人・兵士のことである。

ある時期までは、若い兵士の戦死が「軍国美談」として語られ、人々を沸き立たせたこともあった。「爆弾三勇士」の例を見てみよう。一九三一年の満州事変に続いて、三二年早々に上海事変が起こる。日本軍が中国軍を挑発して叩き、退かせた短期的な軍事衝突だ。この戦いで新たな「軍神」が生まれた。廟行鎮での戦闘で、敵の鉄条網を爆破する任務を果たすため、工兵の三人組が爆弾筒を抱えて鉄条網まで接近したが、途中で負傷したりして遅れたために爆弾筒を置いてから逃げることができず、爆弾筒の炸裂とともに三人の生命も失われた。最後に兵士の一人が「天皇陛下萬歳」と言って事切れたとされるが、ほんとうにそうだったかどうか不確かだ。

この出来事は直ちに新聞等で報じられ、三人の兵士は「爆弾三勇士」などとよばれ英雄視されるようになった。そして、もっともよく知られる「軍国美談」の一つとなる。明治天皇に殉死した乃木希典に次いで、新たな庶民の英雄が生まれた。上野英信の『天皇陛下萬歳』（ちくま文庫、一九八九年：初刊、筑摩書房、一九七一年）は、この「爆弾三勇士」の出来事と彼らをめぐる「軍国美談」の顚末をさまざまな角度から掘り下げ、神聖天皇崇敬を軸とする近代日本の社会構造と精神文化のあり方を問い直そうとしたものだ。

三人の兵士は久留米の第一二師団の工兵隊に所属しており、出身地は北九州であり、そのうち一人は炭鉱と縁が深い家族に育ち、かろうじて高等小学校まで通ったが一〇歳代はほぼ炭鉱夫として過ごした。著者の上野英信自身、この地域で育ち、兵士として終戦を迎え、その後、京都大学で学んだものの中退し、炭鉱夫として働いた後、さまざまな仕事をしながら著述家となっていった経歴がある。炭鉱についての著述も多く、「三勇士」は身近な存在だった。

三人の兵士はいずれも貧しい家の出で、少年の頃から家族を支えるために働いた。ひとりは被差別部落の出身という噂も広められた。また、とくに孝子というわけでも、天皇への忠誠心が厚かったということもなく、軍隊での行動が英雄的というわけでもなかった。他の工兵たちは任務をまっとうして無事帰隊した組が多かった。死を招いたのは、「三勇士」たちの過失だったかもしれない。が、特別の英雄に祭り上げられていった。新聞等ははなばなしく賛美の報道を続け、わずかな間に映画、演劇、浪曲、書物等が「三勇士」を賛美する出し物・作品を次々と生み出していった。教科書にも取り上げられ、「軍国美談」として学校で教えられた。

悲嘆を分かち合うことの困難をどう超えていくか

著者は「三勇士」の内の一人、江下武二やその家族の経歴を追い、中国側から見た戦闘の様子をも拾い上げ、「三勇士」に関わる人々や作品や評言を多面的に取り上げていく。「三勇士」の美談は軍部が意図的に広めたというわけでもない。むしろ、さまざまなメディアが進んで広め、それを喜んで消費し、あおりさえしたのは庶民だった。このようなふつうの兵士の英雄としての祭り上げが、その後の「特攻作戦」や「玉砕」を招き寄せ、「生きて虜囚の辱めを受けず」（「戦陣訓」一九四一年）というような、兵士にとって過酷で、そのいのちを軽んじる軍事体制を作り上げていったのだ。『天皇陛下萬歳』は日本人の精神史を省みる上で、今も熟読に値する好著である。

この書物は、「三勇士」とされた戦死者を新たに追悼する意味をももっていると思う。三勇士の「美談」は一九四五年八月以後は多くの人々にとって美談ではなくなる。だが、それは忘れ去っていい死者たちだろうか。かつて褒め称えられたその死を、敗戦を経た新たな目で捉え返し、その死の意味を問い直すことこそ美談に参与し、生き残った者の責任でもあるだろう。グリーフワークとはそのように死者をしのぶ思いを更新していく、終わりのない作業ではないだろうか。『天皇陛下萬歳』はそのような集合的な喪の仕事の試みとしても読むことができるものだ。

ところが、それは容易なことではなかった。『天皇陛下萬歳』のプロローグは、三勇士の一人の妹で一九六九年当時、小学校の教師であった人物への手紙の形をとった文章である。その女性は上野にかけた電話で、「兄のことについてはいっさいふれてほしくない」と告げたという(八頁)。著者はこの女性の意思を知って衝撃を受け、一時は執筆を断念することまで考えたという。だが、著者はあえてこの書物の執筆を続けることにした。

これは戦死者、とりわけ若い兵士らの戦死について、悲嘆を分かち合うことの困難をよく表す逸話である。立場が異なると、戦死者をしのぶ心情も大きく異なり、ともに悲しむことが容易でなくなってしまう。特攻作戦で死亡した兵士をめぐる対立、靖国神社をめぐる対立も思い起こされる。これは戦死者に関わるだけではない。多様な立場の人々が共存する社会では、悲嘆の共有の困難を前提にしなくてはならない。悲嘆を心の内に閉じ込めざるを得ないような個々人、そのような個人同士で悲嘆を分かち合うこと――これが現代のグリーフケアの課題となっている。

五　寄り集い悲嘆を分かち合う

「ちいさな風の会」から「Withゆう」へ

日本では、二一世紀に入ってグリーフケアを行うことを主目的とする集いが各地で行われるようになっている。グリーフケアということを強く意識して行われた先駆的な集いに、一九八八年に発足した「ちいさな風の会」がある。これは、教育学を修得し、アメリカのミネソタ大学でホスピスケアなどについて学び、グリーフケアの集いについても学んだ経験がある若林一美（二〇一八年まで立教女学院大学学長）が中心となって始められたものである（若林一美『死別の悲しみを超えて』岩波書店、一九九四年、岩波現代文庫版、二〇〇〇年、「子を亡くした親の『止まり木に』『ちいさな風の会』三〇年」朝日新聞二〇一八年一二月三一日）。

その年の一月から若林は毎日新聞に連載記事を書いていたが、その頃、一年ほど小児病院に通い続けていたことから、子供の死に関する記事が多かった。この記事の読者たちから子供を失った親の会をつくれないだろうかという声が寄せられ、全国から一三人が集まって準備会がもたれた。一時は会員が二〇〇名を超え、「ひとり子との死別」「事故や事件の被害者」「自死した子の親の会』などの分科会も開かれた。『死別の悲しみを超えて』の本文の末尾で、若林は「『ちいさな風の会」の活動を通して学び合ったのは、まさに苦しんでいるとき『共にある』ことの大切さであったように思う」と述べている。

「ちいさな風の会」より少し遅れるが、子供を失った親の会は二一世紀に入って急速に増えてきている。その多くは同じ種類の悲嘆を分かち合う、限られた人々の集いである。二〇一九年四月段階で「天使がくれた出会いネットワーク」のホームページを訪れると、「ここは、流産・死産・新生児死亡などで子どもを亡くした家族のための自助グループを結ぶ、ネットワークサイトです」と記されており、「現在、14団体が参加し、交流や情報交換をしています」とも書かれている。リンクがはってある団体が北海道から沖縄まで全国を七つの地域に分けて列記されており、「関東地域」では「お空の天使パパ＆ママの会」「天使の保護者ルカの会」「With ゆう」「わたぼうしの会」「天使のブティック」「天使ママの会横浜」「天使ママの会よこすか」「NPO法人 SIDS家族の会」の名が見出される。「NPO法人 SIDS 家族の会」は全国各地のリンク先があげられている他、「With ゆう」など二つ以上の地域のリンク先がある団体もある。周産期の子供の喪失だけでこれだけの集いができてきている。

「生と死を考える会」のなかのグリーフケア

若林は「事故や事件の被害者」、「自死した子の親の会」をもあげていたが、これらに限定された集いも二一世紀に入って各地に広がっている。この種の悲嘆に早く注目した書物に、デーケン・柳田邦男編『〈突然の死〉とグリーフケア』（春秋社、一九九七年）がある。アルフォンス・デーケンは一九八二年に上智大学で「生と死を考えるセミナー」を開いたが、その聴講者が集うようになり、翌年、「生と死を考える会」が発足した。この集いは大きな反響を呼び、一九九六年の段階で東京の会員は一五〇〇人を超え、全国三五カ所で「生と死を考える会」の集いが開かれるようになっていた。そこに集まる人々のなかには、死別の悲嘆を抱える方々も多く、「生と死を考える会」にはグリーフケアの集いの側面が少なくない場合もあったと考えられる。

「生と死を考える会」は毎年、「生と死を考えるセミナー」を開いているが、一九九五年度のテーマが「突然の死——心の傷への理解と対応」、九七年度のテーマが「遺された人々へのグリーフケア——伴侶を失った後の生き方」だった。『〈突然の死〉とグリーフケア』はこの二回分の講演記録に加筆編集したものだ。この書物の冒頭には、一九九五年に『犠牲（サクリファイス）わが息子・

脳死の11日』（文藝春秋）を刊行した柳田邦男の「私の場合、その自己分析――序にかえて」という文章が寄せられている。『犠牲（サクリファイス）わが息子・脳死の11日』は自死遺族や希死念慮のある人々を含め、多くの読者に熱烈に歓迎された書物だが、グリーフケアの書物といってもよいだろう。九〇年代にはグリーフケアの集いが広がっていく下地はできていたことがわかる。

事故や事件の被害者とグリーフケア

若林もふれており、デーケン・柳田の編著でも念頭に置かれていた、「事故や事件の被害者」の集いについて考えることは、グリーフケアの歴史を考える上で重要だ。この主題はさらに、「戦争や災害による死者」たちの慰霊・追悼の集いについて考えることにもつながっていく。これは集合的な悲嘆と個人的な悲嘆、またそれらに対するケアを関連づけて考えていくことにもなる。

上智大学のグリーフケア研究所は、二〇〇五年のＪＲ西日本の福知山線の脱線事故がきっかけとなって発足したことはすでにふれたとおりだ。それに先立つ一九九五年の阪神淡路大震災の記憶も関西の人々の心に残っていたこと、関東では二〇一一年の東日本大震災によって、「グリーフケア」の語が急速に広まるようになったこともそこでふれておいた。

一九八〇年代の「事故や事件の被害者」ということで思い起こされるのは、一九八五年八月の日本航空ジャンボ機の墜落事故である。乗客乗員あわせて五二〇人が群馬県上野村の御巣鷹山で死亡した事故だが、その命日である八月一二日は今も遺族が山に登り慰霊・追悼を行う情景がテレビに映し出される。残骸となった機体とともに、多くは原型を留めぬ遺体が発見された現地には、その後、「御巣鷹山慰霊碑（昇魂之碑）」や「慰霊の園」が設置され、遺族が悲嘆の念を新たにする場となっている（美谷島邦子『御巣鷹山と生きる――日航機墜落事故遺族の25年』新潮社、二〇一〇年、西村匡史『悲しみを抱きしめて――御巣鷹・日航機墜落事故の30年』講談社、二〇一五年）。

このように御巣鷹山が悲嘆を分かち合う儀礼と祈りの場となるについては、多くの遺族が加わって一九八五年一二月二〇日に設立された「８・12連絡会」の働きが大きかった。

日航機墜落事故と８・12連絡会

「８・12連絡会」のホームページには、二〇一九年の今も一九八五年一二月二〇日に群馬教育会館の集いで公表された「８・12連絡会の趣旨『空の安全』を求めて」が掲載されている。

８月12日の日航機事故から４ケ月がすぎた今、私達遺族は手を取合って立上がることを決意いたしました。

私達が手を取合うことができるのは、私達の最愛の人達が、あの死の前の無念と苦痛の時間を一つの空間で共有したという事実と、残された者同士が、その悲しみ、怒り、悔しさを共感できるという認識があるからです。その強い絆で支え合いながら、私達は、この事故の示唆するところを世に広く問いかけていきたいと考えています。

この連絡会の目的は、遺族相互で励まし合い、助け合い、一緒に霊を慰めていくことです。また、事故原因の究明を促進させ、今後の公共輸送機関の安全性を厳しく追究していくことです。私たちは、あの忌まわしい出来事が繰返されないために、世界の空が安全になることを心より願って行動を起こしました。

この会は当初から、事故原因の究明と「空の安全」を求めるという目標と遺族自身の相互ケアとを合わせて目標としていたことがわかる。この８・12連絡会が強い結束を維持できた大きな理由は、事故原因の究明と「空の安全」を求めるという明確な目標があったことによるだろう。だが、時が経つにつれて、８・12連絡会の存在意義のかなりの部分は遺族相互の交わりを通じた悲嘆の分かち合いにあることが明らかになっていったようだ。そのことは、当初から８・12連絡会の事務局長を務めてきた美谷島邦子の語りに示されている。

一人ひとりの悲しみがつながっていく

美谷島は九歳の次男、美谷島健を事故で失った。

午後六時一二分に離陸した一二三便の機影を見えなくなるまで見送り、家に戻ったその途端、「JAL123便の機影が消えた」というテロップがNHKのテレビニュースで流れた。慌てて片手に握った搭乗案内の「一二三便ちびっこVIP」の文字を見て心が凍る。「まちがいない、一二三便」。すぐに空港に夫と引き返した。しかし、空港では情報が得られず、やむをえずすぐにまた、自宅へ戻る。その途中、ラジオは「山中で煙をみた」と告げていた。自宅に戻ってからは、ニュースを聞くのが恐ろしくて、布団をかぶり、耳を塞ぎ震えた。門の外に出て健の姿を探し、「健ちゃーん、どこにいるのー」と言いながら夜道を走りまわった。

（『御巣鷹山と生きる』一四頁）

後に遺族たちは、死者は山にいるという思いを分かち合うようになる。遺族たちのつながりは御巣鷹山への登拝を通して強められた面もある。修験道等の祈りの行と通じるように感じられる。

御巣鷹山に登ることは美谷島にとって祈りの行のようなものだったと言えるだろう。この祈りの行は美谷島夫妻だけが行っているものではない。多くの遺族たちがともに活動しながら、祈りの行をともにする過程があった。そして、それは悲嘆を分かち合うことの奥深い意義を知っていくことでもあった。美谷島はこう述べている。

「さよなら」もないまま、健は一人で茜空に消えた。以来、私は、空を見上げるのが苦手だ。その母の悲しみを書きとめてきた。そうしているうちに、同じ事故で亡くなった五二〇人のお母さんの存在が、日に日に大きくなっていった。一人ひとりのお母さんの悲しみが、つながっていった。

世界中で起きている戦争やさまざまな事故や災害、病などの不条理なことで子を失った母の悲しみも重なっていった。

かつての日本人は、「家族の死に遭った時、じっと悲しみをこらえる」ことを美徳としてきた。「家族の死に遭った時の苦しみや悲しみを共有する」方法が地域社会に存在し、宗教、伝統、文化、地縁―血縁、大家族のなかで様々な形で伝えられていた。しかし、現在は都市化が進み、核家族が増え、身近な人とのふれあいや地域でのつながりが希薄になった。それにより、家族の死に遭った時、人との交流の中で、悲しみや苦しみを癒していくことも難し

くなっている。（同前、八頁）

ここで美谷島が述べていることは、私がこの稿の全体で言おうとしていることとほぼ一致しているように感じられる。

六 グリーフケアと日本人の死生観の更新

御巣鷹山に登り、死者と会う

『御巣鷹山と生きる』の著者、美谷島邦子は、一九八九年五月五日のことをこう述べている。「御巣鷹の尾根の健の墓標に、鯉のぼりを立てた。赤や黄の色合いの鯉のぼりでは、初節句の時に掲げた鯉のぼりが目に浮かんできて悲しいから、手作りの白い鯉のぼりを立てた。鯉のぼりを揺らす五月の風に乗って健と話をする」。事故の一年後、美谷島は息子を席に案内した日本航空の女性の職員から手紙をもらったという。女性職員と手をつないで座席に向かう息子が搭乗口に向かうのを見送ったとき、「何を話していたのかな?」と思っていた。ところが、その手紙には「ママとすぐ会えるよね」と言ったと書いてあった。

御巣鷹山は一一月で閉山となり、四月下旬から山開きとなる。私は、健は、御巣鷹の尾根にいると思っていた。四月に開山すると、年に五回～六回は夫と登った。

最初は、御巣鷹の尾根への山道を登りながら、何度も引き返したいと思った。しかし、木立の中からふと現れ、「お母さん」と走り寄ってくる健の姿がみたくて歩き続けた。

事故現場の焼けただれた土の上でもしっかりと根をはり、可憐に咲くコスモスに励まされ、生きなければと思った。群馬のチベットとも言われる寒冷地のこの山には、クマ、テン、ウサギ、リス、サル、イノシシ等の動物も多い。

この山から戻ると、不思議と心が安らぐ。「亡き人に会えた」という気持ちになる。御巣鷹の自然にふれる回数を重ねるうちに、そこにある木々にも石にも水にも神が宿っているように思えてくる。肉体は仮の入れもので、魂はこの山にある気がしてくる。（『御巣鷹山と生きる』三〇～三一頁）

この箇所を読むと、息子を失った母親の悲嘆の深さに心を打たれるとともに、日本人の伝統的な死生観の根強さを強く感じる。

悲しみを分かち合う新しい社会の在り方

『御巣鷹山と生きる』の以下の箇所では、事務局長としての世話仕事を「雑務」と呼びながら、美谷島はグリーフケアの本来的な意義について述べているように思える。

その雑務をしながら知ったことがある。「喪の悲しみは、乗り越えるものではない。人は悲しみに向き合い、悲しみと同化して、亡くなった人とともに生きていく」ということを。二五年の間、御巣鷹山は、多くの人々の願いを受け止め、つなげ、目には見えないけど忘れてはいけないものを残してくれた。私たちは、「人はつながって生きる」ことを肌で感じた。一人が亡くなっても五二〇人が亡くなっても、家族の悲しみの重みは同じだ。私たち遺族は、日本人の死生観に添いながら、周囲の人と悲しみをわかち合う、そんな新しい社会の在り方を一緒に考えてきた。幸いにも私たちは、悲しみを表現する場を与えられた。「子供たちの夢に翼をつけて、二一世紀の大空高く、ロケットも飛行機も飛んでほしい」(同前、九頁)

美谷島がこのような自覚に至る過程と、日本におけるグリーフケアが地に根を下ろしていく過程はほぼ重なりあっているようだ。

水俣病と「本願の会」

美谷島が日本人の宗教性に思いをめぐらしながらグリーフケアの意味を捉え返そうとしていた時期は、水俣病の被害者や地域住民たちが、独自の慰霊・追悼の形を見出そうとしていた時期と並行している。一九六〇年代から続いてきた水俣病の被害者救済の活動は、二〇一九年の今も続いている。だが、この長い過程の一つの大きな転機が一九九〇年代に生じている。それは、一九九五年に「本願の会」が立ち上げられたことである。

この会は、患者有志が緩やかに連携しながら運営されているもので、漁師の娘で、住民の運動の精神的側面で大きな役割を果たした杉本栄子もそのメンバーの一人だった。『苦海浄土』三部作をはじめとする著作で名高い石牟礼道子は「本願の会」の会報『魂うつれ』に、深い敬意とともに栄子を偲んで以下のように記している（『魂うつれ』四五号、二〇一一年）。

人間たちが義理や人情を失い、絆をなくし、信義や徳をなくし、神も仏も見失って、この世は滅亡寸前と思われるこの時期に、現代の病いをわが身に引き受けた人の覚悟が、このような言葉となって出て来ました。栄子さんの言葉は、観音さまか菩薩さまの声かと思います。……私も栄子さんの心に一歩でも近づけるように、考え考え、書こうとしております。茂道の観音さま　栄子さんへ　二〇一一年二月二六日

患者が差別に遭い、孤立せざるを得なかった時期が長く続いた水俣である。その深い分断を超えていこうとする「もやい直し（「もやい」の元の意味は船を岸につなぐこと）」の動きが始まったのが一九九〇年代の半ばのことである。九四年に市長になった吉井正澄が和解への動きを意識的に進めていった（吉井正澄『じゃなかしゃば――新しい水俣』藤原書店、二〇一七年）。この動きと「本願の会」の始まりとは並行している。

本願の会と罪・魂・祈り

本願の会は水俣病の患者らの怒りの運動のなかにあった悲嘆とスピリチュアリティの局面を浮き彫りにする働きをしてきている。宗教学者の萩原修子は『生み落とされることば、手渡されていくことば――水俣病事件と「本願の会」』（『宗教研究』八六巻二輯、二〇一二年）という論考においてこう述べている。「この会は仏教用語の「本願」を冠し、「いのち」や「魂」、「祈り」につい

て語るゆえに、一見極めて宗教的である。しかし、その営み、会員の語ることばは宗教とは一線を画し、それを拒絶している」（二〇六頁）という。

たとえば「本願の会」でよく用いられる「魂」や「罪」という言葉も、さまざまな意味で用いられる。萩原は杉本栄子の「知らないことは罪である。知ったかぶりは人まで殺す。ウソを言う人はまだ罪ばい」という言葉について、石牟礼道子の評言を引いている。「これは万巻の書を読んだ哲学者が言いきるか言いきらんか。言葉では言えるでしょうけど実感としては言いきらん言葉です。栄子さんは生きている実感で言いなはる」（『魂うつれ』四一号、萩原論文、二一二頁）「知らないことは罪」「知ったかぶりは……殺す」「ウソを言う人」、それぞれ水俣病事件の数十年の経験が反映していて、人々はその経験の深みに思い至るのだろう。このように深い経験的省察に基づく鋭い言葉こそが求められている。萩原が「会員の語ることばは宗教とは一線を画し、それを拒絶している」と述べるとき、こうした「本願の会」で尊ばれる言葉のあり方が念頭に置かれている。なお、先に引いた『魂うつれ』四五号の石牟礼道子の言葉も萩原論文から書き写したものである（二一六頁）。

「本願の会」の立ち上げに大いに貢献した緒方正人の一九九六年四月刊行の著書（緒方正人・語り、辻信一・構成）、『常世の舟を漕ぎて――水俣病私史』（世織書房）には、次のように述べられている。

今年（一九九五年）はじめ「本願の会」が発足しました。一月二九日に水俣で発会式をもちました。組織というより、個人の集まりという感じで、皆、意見も立場も違っている。ただ基本的な姿勢としてみんなで合意したのは、水俣病事件の「全面解決」なんてありえないということです。そしてかの地に野仏を祀り、以前の海や山の姿を少しずつ取り戻していくために、ゆっくりと動き始めたところです。（一五八頁）

せめて魂の救われるよう、ともに祈り続けたい

緒方によると、埋め立て地（エコパーク水俣）に野仏をという話がもちあがったのは一九九三年である。話し合いの結果、よしやろうということになった。水俣の埋め立て地にお地蔵さんを野仏として置こうというのが具体的な最初の行動プランだった。翌年の春に一七人の水俣病患者有志が集まり、一九九四年三月二日の日付をもつ「本願の書」という文書をまとめていった。緒方がその下書きを書いた。

かつて水俣湾は海の宝庫でした。回遊する魚たちは群れをなして産卵し、その稚魚たちはここで育ち成魚となりまた還ってくる、母の胎のような所でした。百間から明神崎に至る現

在の埋め立て地のあたりは、イワシやコノシロが銀色のうろこを光らせボラが飛びかい、エビやカニがたわむれていました。潮のひいた海辺では貝を採り、波間に揺れるワカメやヒジキを採って暮らしてきました。私たちはこれらのいのちによって我が身を養うことができたのです。（一五六～一五七頁）

こうした豊かな自然を破壊したのは人間たちで、自分もその一人だと緒方は捉える。そして、それを「原罪」と呼ぶ。「そこはまた同じ人間がおのれの罪深さに対面し、わびを入れ、祈る場所でもあるはずだ。その意味で埋立て地に野仏を置こうという呼びかけに俺は賛成したんです」。その思いが「本願の書」の末尾にも込められている。

埋立てられた苦海の地に数多くの石像（小さな野仏さま）を祀り、ぬかずいて手を合わせ、人間の罪深さに思いをいたし、共にせめて魂の救われるよう祈り続けたいと深く思うのです。病み続ける彼の地を、水俣病事件のあまねく魂の浄土として解き放たれんことを強く願うものです。（一五七頁）

「原罪」はキリスト教の用語だが、現代日本の水俣の死者たち、生き物たち、そして「ふるさとの神仏」たち、そしてそれらの彼方へと向けられた祈りが想定されている。

おわりに

悲嘆の分かち合いの新たな広がり

日航機事故遺族の8・12連絡会や水俣病の地域住民による本願の会は、御巣鷹山や不知火海沿岸のような悲しみが積もった場所を、新たなグリーフワークの聖地へと変えていく働きをしてきた。このような動きが、バブルがはじけ、阪神淡路大震災が起こり、オウム真理教地下鉄サリン事件が起こった一九九五年の前後に深みを得ていったことは記憶にとどめてよいことだろう。やがて、二〇〇一年九月一一日のニューヨークのテロ事件の地、グラウンドゼロも、二〇一一年三月一一日の東日本大震災の被災地、そしてその後の福島原発事故の被災地も悲嘆から生じるグリーフワークの場として際立っていくようになる。

この過程で8・12連絡会の美谷島邦子が深めていった洞察と、水俣病被害住民である緒方正人が深めていった洞察には相通じる内容が多くあるように感じる。美谷島はこう述べている。「御巣鷹山には、たくさんの石仏が置かれている。亡き人の家族や近かった人が、その人を思いながら造ったもの。石仏は、風雪に耐えながら、残された人々にやさしく語りかけている」（『御巣鷹山と生きる』二四五～二四六頁）。御巣鷹山のこの光景とエコパーク水俣の野仏の類似は偶然ではないだろう。

美谷島はまた、日航機事故遺族のみならず、遺族たちを支援する上野村の人々、「世話役」などの加害側である日航の会社の人々との交わりの意味を味わい深く述べている。そして、その交わりの幅は次第に広がっていき、他の事故の遺族や子供を失った悲嘆を抱える親の集いなどにも関わり、そこで多くの温かい交わりの経験を重ねていった。ある集いでは、「いろいろな事故で悲しみを抱え歩いてきた人々が、新たな悲しみを背負ってしまった方々と輪を作り、語る。何も言わなくてもわかり合える絆がある。悲しみを共有すると、その悲しみは同化し、そして溶けていく」（二〇六～二〇七頁）。一人の息子を亡くした悲しみが、地球規模・人類規模の悲嘆につながっていくような経験と受け取ることもできるだろう。水俣の杉本栄子や緒方正人が見出したのも、そうした悲嘆の地平だったと思う。

伝統的な宗教性や死生観の蘇生

美谷島が御巣鷹山に通い、悲嘆を抱える人たちや悲嘆を分かち合おうとする人々との交わりのなかで見出してきたものは、二〇二〇年代に入ろうとする時代の日本人がグリーフケアに見ようとしているものを先駆的に捉えているようだ。

私は、幼いころ、お盆には、おがらを両親がたいた。その時、明治生まれの父は、「さあ、おばあちゃんが家にくるよ。手を合わせなさい」と教えてくれた。お盆の間中、祖母が私のそばにいた。精霊が戻ってくるということが不思議だったけれどもうれしかった。その時、目に見えないものは、心で見るのだと知った。

御巣鷹山に行くと、その目に見えないものがたくさんあった。子供のころに触れていた人情や助け合いが見えた。まだＩＴに支配されていない時代の人々のコミュニケーション密度の高さを思い出し、人々が縦に並んだら心をつなげないと思った。そして、「あなたの大切なものは何？」と、再び自身に問いかけた。（二四九頁）

長い歴史のなかで培ってきた日本人の宗教性や死生観が枯渇していくように思われることもある。だが、二一世紀に入って悲嘆を通して生じる交わりの場では、伝統的な宗教性や死生観が蘇生し、新たな時代にふさわしい広がりをもって展開しているように見える。こうした機運を「グリーフケアの時代」と呼んでもひどくはずれてはいないだろう。

付記：この章は『THE LUNG perspectives』第26巻第2号から第27巻第2号に連載した「グリーフケアと日本人」の内容を用いている。

【参考文献】

ベネディクト・アンダーソン『想像の共同体――ナショナリズムの起源と流行』リブロポート、1987年
上野英信『天皇陛下萬歳』ちくま文庫、1989年：初刊、筑摩書房、1971年
緒方正人・語り、辻信一・構成『常世の舟を漕ぎて――水俣病私史』世織書房、1996年
ジェフリー・ゴーラー『死と悲しみの社会学』ヨルダン社、1986年
島薗進『日本人の死生観を読む』朝日新聞出版、2012年
同　『ともに悲嘆を生きる――グリーフケアの文化と歴史』朝日新聞出版、2019年
アルフォンス・デーケン、柳田邦男編『〈突然の死〉とグリーフケア』春秋社、1997年
西村匡史『悲しみを抱きしめて――御巣鷹・日航機墜落事故の30年』講談社、2015年
萩原修子『生み落とされることば、手渡されていくことば――水俣病事件と「本願の会」』『宗教研究』86巻2輯、2012年
ジークムント・フロイト「喪とメランコリー」、『フロイト著作集』六、人文書院、1970年
美谷島邦子『御巣鷹山と生きる――日航機墜落事故遺族の25年』新潮社、2010年
吉井正澄『じゃなかしゃば――新しい水俣』藤原書店、2017年
若林一美『死別の悲しみを超えて』岩波書店、1994年：岩波現代文庫版、2000年

第2章

人は何によって生きるのか

鎌田東二

鎌田東二（かまた　とうじ）

1951 年、徳島県阿南市生まれ。國學院大學文学部哲学科卒業。

同大学院文学研究科神道学専攻博士課程単位取得満期退学。文学博士。

現在、上智大学グリーフケア研究所特任教授、京都大学名誉教授。宗教科学・民俗学・日本思想史・比較文明学など幅広く研究。石笛・横笛・法螺貝奏者。フリーランス神主・神道ソングライター・詩人。

著書に、『神界のフィールドワーク』「翁童論」四部作、『宗教と霊性』『霊的人間』『聖地感覚』『神楽感覚』『超訳 古事記』『古事記ワンダーランド』『歌と宗教――歌うこと。そして祈ること』『現代神道論』『世直しの思想』『世阿弥――身心変容技法の思想』『言霊の思想』など多数。

はじめに

「人は何によって生きるのか」という直截的な問いに適切に答えることは大変難しいが、しかしながら、いくつかの答え方のタイプは予想できる。——例えば、

ユダヤ教徒やキリスト教徒の答え方：『旧約聖書』（「申命記」第八章三節）に「人はパンだけで生きるのではなく、人は主の口から出るすべての言葉によって生きる」、また、『新約聖書』（「マタイによる福音書」第四章三節）に、「『人はパンだけで生きるものではない。神の口から出る一つ一つの言葉で生きる』と書いてある」とあります。わたしたちは、『聖書』を拠り所とし、神の言葉を支えとし、信仰の指針として生きていきます。

仏教徒の答え方：釈尊は涅槃に入るときに「自灯明、法灯明」と言われたので、自己を拠り所とし、「法《ダルマ》（真理）」を拠り所として、日々精進しながら仏道を全うし、生きていきます。

マルクス主義者の答え方：マルクスの示したプロレタリアート（無産階級労働者）による社会主義革命を実現し、社会的不平等を撤廃する社会主義国家を建設することを目的に生きていきます。

これらは、イスラム教や新宗教などを含め、ある教祖的な人物の言葉や生き方を規範としモデ

ルとして生きる生き方である。世界宗教の信徒の多くは、多かれ少なかれ、開祖や教祖や宗祖を模範として、自分の生き方を支えるよすがとしている。これは人類史における大きな倫理規範とも知的財産とも生き方指南ともなっている。

もちろん、宗教的な価値ではなく、農業者や漁業者や林業者やサラリーマンや芸術家やいかなる職業者であれ、仕事のためとか、家族のためとか、愛のためとか、夢や自己実現のためとか、欲望を満たすためとか、さまざまな生き方や価値実現も考えられるので、「人は何によって生きるのか」という問いに対する答えは各人各種、千差万別、無数にある。それは、日本国憲法に、「思想及び良心の自由は、これを侵してはならない」(第一九条)、「信教の自由は、何人に対してもこれを保障する」(第二〇条)、「集会、結社及び言論、出版その他一切の表現の自由は、これを保障する」(第二一条)と保障されているように、根本的に個人の自由である。

だが、人がいかに自由な生き方をしようとも、生きるということには、さまざまな不自由や思いのままにならない事態が出来する。そのとき、どのような対処の仕方をするか、そのつど向き合い方や生き方を問われることになる。仏教に言う「生老病死」(四苦)における「老病死」などはその典型的な問いかけであり、否が応にもこのとき、人はさまざまな「グリーフ(悲嘆)」を経験し、それに立ち向かうことになる。

一　予期せぬ痛みと「ヨブ記」の問い

モーセの言葉

先に、ユダヤ教徒の答え方の例として、『旧約聖書』の「申命記」のよく知られた言葉「人はパンだけで生きるのではなく、人は主の口から出るすべての言葉によって生きる」を引いたが、普段「主＝神」の「口」から出る「言葉」に基づいて生きていると思っている篤信家のユダヤ教徒やキリスト教徒であっても、生きている間には予期せぬ事態の出来にどうしたらいいのか思い悩むことがある。そのとき、いつもなら、自分を支えてくれる神の言葉も信仰もリアリティを失い、ときには神から見放されたような気持ちになることもあり得る。人生には想定外の、思いもよらない事態が出来するものである。

そもそも、ユダヤ教の成立も、思いもかけない事態の連続とそこにおける神の出現・指示・介入が背景にある。「出エジプト記」によれば、アブラハムに臨んだ神が「乳と蜜の流れる地」（約束の地カナン・イスラエル）に行って住むようにと指示したが、アブラハムの息子のイサク、その子のヤコブまたその子のヨセフの時代に飢饉によりそこに住み続けることができなくなり、イスラエルの西のエジプトに移住することになった。しかし、その後、エジプト王の支配の下で、イスラエルの民は奴隷の境遇に甘んじることになり、その圧政に苦しめられた。しかも、エジプト王（パロ、ファラオ）の命で、ヘブライ人の長男が皆殺しにされたという異常な事態のさなかに、パピルスの皮で編んだ籠に入れられてナイル川に流され、パロの娘に拾われて育てられることになった数奇な運命の持ち主がモーセである。

モーセは苦難の末にイスラエルの民を奴隷の境遇から解放し、エジプトを脱出《エクソダス》（出エジプト）してイスラエルに戻っていく。その四〇年もの長い苦難の旅を続けている最中、約束の地カナンを目前にしたとき、死を覚悟したモーセはともに旅を続けてきた同胞にこう語る。

あなたの神、主が導かれたこの四十年の荒れ野の旅を思い起こしなさい。主はあなたを苦しめ、飢えさせ、あなたも先祖も味わったことのないマナを食べさせられた。人はパンだけで生きるのではなく、人は主の口から出るすべての言葉によって生きることをあなたに知らせるためであった。（「申命記」第八章二～三節）

四〇年に及ぶ食料にも事欠く厳しい旅の途中、飢えに苦しむときがあった。そのとき、神は人々に「マナ」を与えた。その神の与えてくれた「マナ」の恵みをいただくことでいのちを永らえることが可能になった。そのような不思議な、神秘的な「マナ」の恵みを思い起こさせた上で、モーセはイスラエルの民に、「人は主の口から出るすべての言葉によって生きることをあなたに知らせる」と語りかけたのである。

イエスが荒野で四〇日の断食をしていたとき――それはまさしくモーセによる四〇年間の出エジプトの苦難の体験のメタファーともなる――、悪魔が現れて「もしあなたが神の子であるなら、これらの石がパンになるように命じてごらんなさい」（「マタイによる福音書」第四章三節）と誘惑した。その悪魔の誘惑の言葉に対して、イエスが放ったのが、「『人はパンだけで生きるものではない。神の口から出る一つ一つの言葉で生きる』と書いてある」という言葉であった。これはもちろん、先に引いた「申命記」の中でモーセが語った言葉の引用である。イエスはモーセの言葉を引くことによって悪魔の第一の誘惑を退けた。

だが、信仰心の篤いユダヤ教徒であってもキリスト教徒であっても、それまで持っていた神への信仰が揺らぐことがある。そのとき、「人は何によって生きるのか」。

三つの問いと六つの命題

窪寺俊之著『スピリチュアルケア研究――基礎の構築から実践へ』（聖学院大学出版会、二〇一七年）に、ユダヤ教のラビであるH・S・クシュナーが直面した苦難とそこからの突破の過程が検討されていて、多大なヒントを与えてくれる。クシュナーは一九三五年にニューヨークで生まれたユダヤ系アメリカ人である。コロンビア大学を卒業した後、アメリカ・ユダヤ教神学院（JTS）に学んでラビに叙階された。エルサレムのヘブライ大学で聖書学博士号を取得し、クラーク大学などで聖書学を教授してきた。また、カウンセラー、グリーフケア・アドバイザー、講演家でもあり、現在、ボストン近郊ナティックにあるイスラエル・テンプルの名誉ラビである。著作に、世界的ベストセラーとなった『なぜ私だけが苦しむのか――現代のヨブ記』（斎藤武訳、岩波現代文庫、二〇〇八年）など多数ある。

クシュナーには息子がいたが、その子が早老症にかかった。幼くしてだんだんと老人のような風貌になっていき、日々死に直面する筆舌に堪えがたい苦しみを味わった。クシュナーは父親として、またユダヤ教のラビとして、息子の苦しみを見つめながら、なぜこのような苦しみが自分たちの身に起こったのかと悩み苦しむ。ユダヤ教のラビであるから、当然、クシュナーは自分の信仰をよすがとした。そして、日々実践的に生きているユダヤ教の信仰のなかに解決策を見出そうとして次の三つの問いを立てた。

①神の前に正しい生き方をしていると思っている人に、なぜ、不幸が襲ってくるのか？
②息子がなぜ父の怠慢や高慢の罪に対する罰を受けなくてはならないのか？
③神は保護者ではないのか？

この三つの問いに対するユダヤ教的な解釈と答えは次の六つの命題であった。

①不幸は犯した罪に対する報いである。
②時間が経てば明らかになる。
③人間には理由がわからないが、神には計り知れない理由がある。
④何かを教えようとする教育的意味がある。
⑤（神は自分の）信仰の強さを試みている。
⑥よりよい世界への解放である。

①は、仏教の因果応報の考えにも近い。②は、今はわからなくても、やがてわかるといくらか楽観的であり、またどこか突き放したように他人事的で諦めモードでもある。③は、信仰深い人が考えやすい思考であるが、もっとも知りたい理由は不明のままである。④は、物事を真面目に受け止めようとする人が取りやすい思考だが、その教育的意味が何かつかめず納得がいかない。⑤も、信仰の篤い人が取りやすい思考で、その一般論では不十分だ。⑥は、今ここの耐え難い現実の苦しみから目をそらしがちな楽観思考になってしまっていて、無責任に感じる。

クシュナーがこのように考えたかどうかはわからない。けれども、伝統的なユダヤ教的解釈ではクシュナーは満足できなかったし、救われなかった。このような解釈も思考も、彼の苦しみを軽減させることはなかったのだ。これらの解釈は神や信仰を擁護するものではあっても、苦しむ当事者の慰めとも救いともならなかったからである。

何を支えに生きるのか

窪寺によれば、クシュナーに必要だったのは、「不治の病を負って生まれ、社会生活で大きな重荷を負わされ、夢の実現が叶わない人生を負った人の叫びと怒りをぶつけるもの」であり、「人生の苦難に心を痛める者をしっかりと受け止めてくれる神」であった。しかし、伝統的な神の理解では、到底自分の切実な思いに応えられない。

ならば、何を支えに生きていけばよいのか？　神と自分との距離の遠さと比例するかのような当事者性のなさに失望を感じながら、それでもクシュナーは納得のいく答えを探し続けた。そして、『旧約聖書』の「ヨブ記」に行き着く。クシュナーは、「聖書のなかで、人間の苦悩について、もっとも奥行き深く徹底的に考察しているのはヨブ記」だと記している。そしてそれは、「長い哲学的な詩」であると指摘する。

そこに描かれる主人公のヨブはたいへん信仰心の篤い「義人」であった。しかし、その信仰心はサタンと神によって試されることになり、ヨブは全財産を失ってしまう。その上、家族も失い、加えて深刻な皮膚病にかかって悶絶の苦しみを味わう。妻はその理不尽さを怒り歎き、神を呪って死になさいとまで言う。しかし、ヨブは妻に私たちは神から幸を受けているのだから、災をも受けるべきだと反論して、神への信仰を崩すことはない。

しかしそれでも、なぜ自分はこれほど苦しまねばならないのか、自分は何も悪いことはしていないのに、という思いはふつふつと湧き上がる。見舞いに訪れた三人の友人たちに同情され、またこのような状況に陥るのは何か悪いこと、罪を犯したからだと責められ、ヨブは嘆きとともに反論する。この友人たちとの意見の食い違いのなかで、次のようにヨブの嘆きも深まるが、同時に神の存在理解も深まっていくことになる。

わたしは自分の命をいとう。

わたしは自分の嘆きを包まず言いあらわし、／わが魂の苦しみによって語ろう。

わたしは神に申そう、／わたしを罪ある者とされないように。

なぜわたしと争われるかを知らせてほしい。

あなたはしえたげをなし、み手のわざを捨て、／悪人の計画を照すことを良しとされるのか。

あなたの持っておられるのは肉の目か、／あなたは人が見るように見られるのか。

あなたの日は人の日のごとく、／あなたの年は人の年のようであるのか。

あなたはなにゆえわたしのとがを尋ね、／わたしの罪を調べられるのか。

あなたはわたしの罪のないことを知っておられる。

またあなたの手から救い出しうる者はない。／あなたの手はわたしをかたどり、わたしを作った。

ところが今あなたはかえって、わたしを滅ぼされる。

どうぞ覚えてください、／あなたは土くれをもってわたしを作られた事を。

ところが、わたしをちりに返そうとされるのか。

（中略）

わたしがもし罪を犯せば、／あなたはわたしに目をつけて、／

わたしを罪から解き放されない。／わたしがもし悪ければわたしはわざわいだ。

たとえわたしが正しくても、／わたしは頭を上げることができない。

わたしは恥に満ち、悩みを見ているからだ。

（中略）

なにゆえあなたはわたしを胎から出されたか、／わたしは息絶えて目に見られることなく、

／胎から墓に運ばれて、／初めからなかった者のようであったなら、／よかったのに。

わたしの命の日はいくばくもないではないか。

どうぞ、しばしわたしを離れて、／少しく慰めを得させられるように。

わたしが行って、帰ることのないその前に、／これを得させられるように。

わたしは暗き地、暗黒の地へ行く。

これは暗き地で、やみにひとしく、／暗黒で秩序なく、光もやみのようだ。


（ヨブ記第一〇章）

ヨブは、「わたしは自分の嘆きを包まず言いあらわし、／わが魂の苦しみによって語ろう」と、神に自分の「嘆き」と「魂の苦しみ」、スピリチュアルペインを赤裸々に訴える。神や仏や死者たちと、このような切実さと緊張感に満ちた対話的関係を持ち得ることが宗教の独自の次元であり、醍醐味である。目に見えない存在、この世と異なる次元の存在とコミュニケーションを交わ

す、それによって、この世的な論理や慰めによっては癒すことのできない喪失や痛みや罪を受け入れることができるようになる。

不条理な苦しみや痛み

クシュナーが近づいていくのは、そのようなどうしようもない、説明のつかない不条理な苦しみや痛みに耐え、応えてくれる神である。ヨブは激しく神に問う。

神がわたしを泥の中に投げ入れられたので、／わたしはちり灰のようになった。／わたしがあなたにむかって呼ばわっても、／あなたは答えられない。／わたしが立っていても、あなたは顧みられない。／あなたは変って、わたしに無情な者となり、／み手の力をもってわたしを攻め悩まされる。／あなたはわたしを揚げて風の上に乗せ、／大風のうなり声の中に、もませられる。／わたしは知っている、あなたはわたしを死に帰らせ、／すべての生き物の集まる家に帰らせられることを。／さりながら荒塚の中にある者は、／手を伸べないであろうか、／災の中にある者は助けを呼び求めないであろうか。／わたしは苦しい日を送る者のために／泣かなかったか。／わたしの魂は貧しい人のために／悲しまなかったか。／しかしわたしが幸を望んだのに災が来た。／光を待ち望んだのにやみが来た。／わたしのはらわたは沸きかえって、静まらない。／悩みの日がわたしに近づいた。／わたしは日の光によらずに黒くなって歩き、／公会の中に立って助けを呼び求める。／わたしは山犬の兄弟となり、／だちょうの友となった。／わたしの皮膚は黒くなって、はげ落ち、／わたしの骨は熱さによって燃え、／わたしの琴は悲しみの音となり、／わたしの笛は泣く者の声となった。

（「ヨブ記」三〇章一九〜三一節）

『旧約聖書』を読みながらいつも驚くのは、古代イスラエルの人々の神を求める強さと激しさであり、何よりもそれを言葉にして表す力である。神話や歴史書や思想書を含む世界中の宗教テキストのなかで、もっとも激烈に、かつ直截に、深く、神との交信のさまを描いているのが『旧約聖書』である。モーセ五書、「詩篇」「コヘレト書（伝道の書）」「ヨブ記」、そして各種「預言書」、それらすべてが神の激烈さや偉大さとともに、人間存在の小ささと痛みや苦悩の深さと、それゆえに神を求め続ける心の蠢きを実に生々しく抉り出している。なかでも、「ヨブ記」はその代表的な一書である。

さらなる三つの命題

クシュナーは、全身全霊を投入して「ヨブ記」を読み込み、そこに神の憐みと責任と公平が表現されていることに気づく。そして、次の三つの命題を立てた。

①神は全能であり、世界で生じるすべての出来事は神の意志による。神の意志に反してはなにごとも起こり得ない。
②神は正義であり公平であって、人間それぞれにふさわしいものを与える。したがって善き人は栄え、悪しき者は処罰される。
③ヨブは正しい人（義人）である。

こうしてクシュナーは、「ヨブ記」の作者は因果応報思想を説いたのでもヨブの諦めを説いたのでもなく、①の神の全能を否定して、②の神の正義と公平と、③の義人を承認する考えを説いていると読み解いていく。だが、伝統教学では神は全知全能である。

このとき、クシュナーは決然と勇気をもって伝統的な神理解を否定する。神はヒトラーの行った残虐行為も止めなかったし、災害でたくさんの人が死ぬことを防ぐこともしなかった。神は人間の自由選択や自然法則を妨げることができないからだ。つまり、神は「全能の神」ではないと解釈するのである。

と同時に、しかしながら、神は、「正義の神」であり、「痛みの神」であり、「憐れみの神」である、と解釈した。こう考えることによって初めて、クシュナーの魂の痛みは慰められた。それは、伝統的なユダヤ教の神観とも神理解とも異なるが、しかしクシュナーの持つスピリチュアルペインとスピリチュアルニーズに応えた。それによって、クシュナーは慰めを得、苦しみを伴っている生を受容し、肯定できるようになった。

窪寺は、「神は全知全能ではないが、慰めの神である」というクシュナーの神理解が、「無実の人の苦しみや怒りの感情を押し殺さないですむ助けとなった」と指摘し、クシュナーが「神に怒りをぶつけ、悲しみを訴え、ボロボロの自分をさらけ出して神に近づくことができるようになった。立派なラビを演じたり、無理矢理に悟ったように振る舞わず、不公平、不義に怒り、自分自身に正直になれた」ことを、「スピリチュアルな思考」の展開による行き詰まりの打開のプロセスとして評価する。

クシュナーは、「正直になれた」。それによって、ありのままの自分を受け入れると同時に、人間的領域の特殊性と特性を自覚し、神の深さと限定性に目覚めていく。神の限定性とは、伝統神学が説くような全知全能ではないけれども、人間の自由選択と自然法則の運行を見守り、憐れみと慰めをもたらす存在としての神の理解のことである。

クシュナーは『なぜ私だけが苦しむのか――現代のヨブ記』を「私は、アーロンと、アーロンの人生が教えてくれたすべてのことを思い起こす。なんと多くを失い、なんと多くを得たことか。昨日の痛みはやがて去り行くだろう。そして、私は明日を恐れない」と結ぶ。

二　心の不可思議～仏教の心観

神を放棄

クシュナーはユダヤ教のラビであった。ラビであれば、ラビという建前がある。その立場で発言したり、考えなければならないことがある。私たちはある立場とか、役割とか、視点を持つことができる。しばしば、その立場や役割や視点がまるで本来の自分そのものであるかのように思うことがある。だがそれは、幻想である。錯覚である。それはそのような立場・役割・視点を仮に構成している、つまり仮構・仮設しているにすぎない。しかし、それを本来の自分の持ち物であるかのように思いこむ経験過程があれば、その思いは強化されることになる。それによって、仮面の自分を身に着け、それを本来の自分と思い込むことになる。

クシュナーはしかし、ラビという立場を放棄し、一人の悩み苦しむ裸の人間——より具体的には父親——となった。あらゆる立場や役割を放擲し、離れて、息子の苦しみに向き合い、それを共有し、ともに生きるほかなかった。しかし、そこでもクシュナーは「神（God）」を放棄することはできなかった。神を求め、神の答えを求めた。そして、彼の「魂」が「そうだ、これでしかない」と思うことのできる答えに行き着いた。そのクシュナーは、自分にとっての嘘と本当との間を揺れ動いた。神の「全知全能」は神学的な真理とされる。それは、ユダヤ教やキリスト教やイスラムの「セントラルドグマ（中心教義）」を成している。

だが、そのセントラルドグマは彼を苦しめた。神が「全知全能」であるならば、この現実世界にあるこのような苦しみはなぜ起こるのか？　セントラルドグマに納得できない自分と、セントラルドグマを説く自分との間の乖離にクシュナーは苦しむ。そして、「ヨブ記」の自分なりの読み込みによって納得のいく答えを見出す。それはセントラルドグマから離れて窪寺の言う「スピリチュアルな思考」に入っていく霊性的な道の求め（探究）であった。クシュナーはその霊性的過程と経験を赤裸々に告白し本に綴ることによって多くの共感者を得た。そして、ユダヤ教のラビとしても、神学者としても、新しい自己の立場と役割を持つようになった。苦悩（サファリング）や痛み（ペイン）の経験は、クシュナーをより正直な霊性的次元に導いたのである。

嘘というケア

イエスが神の国に入るために必要な過程として説いた「悔い改め」は、ギリシャ語訳聖書では「メタノイア（metanoia）」と言う。その「メタノイア」とは、「視点を変える」とか「考え方を変える」という意味である。つまり、これまで習慣化している思考方法を止めて、別の見方をしてみるということである。「悔い改め」とは、倫理道徳的な次元にとどまるものではなく、むしろ、思考や認識のレベルで自分を覆っている枠組みや殻を打ち破ってみるということなのである。とすれば、クシュナーが実践したことは、イエスの言う「悔い改め・メタノイア」でもあったということもできる。私たちは、人生の岐路にあって、さまざまな方法で「悔い改め」すなわち「メタノイア」することができる。それはまさしく心の状態の切り替えを意味する。

私は人間の最大の特徴は「嘘をつけること」だと考える。そして、スピリチュアルケアやグリーフケアを、「嘘をつけない自分や他者と向き合い、対話的な関係を結び開いていく試みとその過程」と考える。その根底には、「スピリチュアリティ（spirituality）」を、「嘘のつけない、ごまかしのきかない、心の深みや魂の領域とはたらき」と捉える考えがある。クシュナーはまさに「嘘のつけない、ごまかしのきかない、心の深みや魂の領域とはたらき」のなかに入り込み、その格闘の中で「嘘のつけない」自己の真実に出会ったのである。

私は、嘘をつくことのできる人間を、体と心と魂（霊性）の三層構造と捉え、「体は嘘をつかない。が、心は嘘をつく。しかし、魂は嘘をつけない」と言い表すことにしている。「嘘をつかない体、嘘をつく心、嘘をつけない魂」という三層のそれぞれの特性が私たちの苦悩や痛みの源泉となる。

体は体の自律的な生理学的メカニズムを持っている。もちろん、古来、「病は気から」と言われてきたように、心の持ち方・はたらかせ方で体の調子も微妙に変化するので、体と心のデリケートな相関関係は日常的に経験している。さまざまな形の喪失や心の傷やダメージが体の不調となって表れることもよくあることだ。また、笑いが免疫力を高める効果があることもよく知られている。そのことは、体が嘘をつかないということを否定するものではない。体は正直に心に映った出来事を反映し反射する。それによって、心や意識が認めたくないことが、体の状態の変化になって顕れることがある。

心は我慢をしたり、見栄を張ったり、過剰に自己卑下をしたりする。プライドを持つことも、コンプレックスを持つこともある。中島敦は『山月記』の中で、「臆病な自尊心」と「尊大な羞恥心」が李徴を虎に変えたと表現しているが、自尊心も羞恥心も、嫉妬心も羨望心も、心はその時々に変幻自在な動きを見せる。まるで鵺《ぬえ》のように両義的で、曖昧で、狡猾で、脆くもあり強靭でもある。捉えどころがなく、コントロールが効くようで効かない、厄介な生き物である。古代中国ではそのような動いてやまぬ「心」を「猿」と捉えた。

いずれにしても、心がやっかいであり重要でもあるのは、意識的にであれ、無意識的にであれ、嘘をつくことができるからである。ごまかすことができるからである。その嘘やごまかしのなかに人間的な思慮や計らいや隠し事があり、それが複雑な悲嘆や苦悩の表現とも要因ともなってくる。

だが、どのように心（自分）を騙し、心（自分）が騙そうとも、自分自身のどこかに「それは変だ。おかしい」と気づいている自分がいる。「自分」という言葉が端的に示しているように、「自己」は複層的に自己分離することも可能である。だからこそ、「自分」が「自分」を騙すこともできる。そして、このような「自分」と、あのような「自分」とを立て分けて、二重人格的にも多重人格的にも生きることとさえできる。複層的で多重的な「自分」であることができる。「二枚舌」を使うこともできれば、「三枚舌」を使うこともできる。それが心の複雑性であり怪奇性であり微妙さである。

しかし、その複雑怪奇な多層的な「自分の心」をありのまま見つめている自己がいる。その自己をソクラテスやプラトンは「良心」とも「理性」とも「霊魂」とも言った。近年言われる「マインドフルネス」も、このようなありのままに見つめる状態に入ることを指している。この「良心」とか「マインドフルネス」とも言える「嘘をつけない自己」を「スピリチュアリティ」と私は捉え、それが自己の「生のコンパス（羅針盤）」としてその人を根源的に動かし、はたらかせていると考える。

「体は嘘をつかない。が、心は嘘をつく。しかし、魂は嘘をつけない」。こうして、「嘘をつかない体、嘘をつく心、嘘をつけない魂」という三層の特性が私たちの苦悩や痛みの源泉ともなり、同時に開放（解放）の基点ともなるのである。

したがって、問題の核心は、「心」が体（身）と魂（霊）の両極を橋渡し（ブリッジ）する「のりしろ」（架橋）のはたらきをしているという点である。

実に、「心」は絶妙なはたらきをしている。「心」は物事や事態を薬にも毒にもできる魔法の杖のようなはたらきをする。「嘘をつかない体」と「嘘をつけない魂（霊性）」の両方に寄り添い、両者の声を聴きながらも、それに背くことも無視することも繋げる鵺のような不定のものが「心」である。したがって、人間的自由の拠りどころは、この「心」のはたらき（無自覚的・無意識的心）やはたらかせ方（自覚的・意識的心）にあるといえる。

「心」の処方

それでは、その「心（citta, シッタ）」を仏教はどう捉えたのか？

ダライ・ラマ法王一四世は仏教について、「三種の仏教」があることを指摘している。第一に、宗教としての仏教。第二に、哲学としての仏教。第三に、科学としての仏教、である。たとえば、阿弥陀如来の本願に対する信仰とか、二五〇〇年近くの歴史を持つ仏教には信仰や修法や修行など、宗教的次元がある。それに対して、『般若心経』で説かれるような「色即是空、空即是色」などの「空」の概念は、存在ないし存在者の相互依存性や関係性のありようを捉えた哲学的思考である。また、初期仏教や大乗仏教の唯識論を含め、心のはたらきを精密に分析・認識し、感情の鎮静を図る仏教の次元は、現代で言う心理療法や精神療法など、心理学や精神医学や認知科学との共通点を多々有している。

ダライ・ラマは、「仏教は相互依存の概念（注――空の概念）を掲げる唯一の宗教」とか「相互依存の概念は、現代科学の基本概念と一致」していると言い、「現代科学は身体や脳の微細な働きをはじめ、高度に洗練された物理的世界を解き明かしてきた」のに対して、「仏教科学は、心や感情をさまざまな面から詳細に理解することを第一に専心してきた。心や感情は、現代科学においてまだ比較的新しい分野である。ゆえに、現代科学と仏教科学は重要な知識を互いに補い合うことができるだろう。私（注――ダライ・ラマ一四世）は現代科学と仏教科学、それぞれのアプローチの統合が、身体・感情・社会のウェルビイングを増進するための発見に繋がると確信している」と現代科学と仏教科学を対比的かつ相互補完的に述べている。そして、「人類の知識の範囲を広げること」と、「心が穏やかな状態を研究することによって人類の幸福を促進していくこと」を目的としてさまざまなところでさまざまな人々と対話を重ねていくのが自分のミッションであると述べている。

ダライ・ラマの言う「心の科学」「感情の科学」の原点ともいえる「心」の処方について、ゴータマ・シッダルタは『法句経』の冒頭で、「ものごとは、心にもとづき、心を主《あるじ》とし、心によってつくり出される。もしも汚れた心で話したり行なったりするならば、苦しみはその人につき従う。――車を引く〈牛〉の足跡に車輪がついて行くように」とも、「ものごとは、心にもとづき、心を主とし、心によってつくり出される。もしも清らかな心で話したり行なったりするならば、福楽はその人につき従う。――影がそのからだから離れないように」（『ブッダの真理のことば・感興のことば』中村元訳、岩波文庫）と述べている。心こそ、心のありようこそ、「苦しみ」や「福楽」をもたらす基幹でありはたらきであると捉えているのである。苦しみも福楽も心のありようで決まる。物事は心に基づいている。心によって作り出される。だからこそ心のはたらかせ方次第で、事態を変えることもできる。たとえば、「この世においては、怨みに報いるに怨みを以てしたならば、ついに怨みの息むことがない。怨みをすててこそ息む。これは永遠の真理である」。（同上）

「怨み」の捨て方

とすれば、問題は「怨み」の捨て方ということになる。自分の心を支配し、衝き動かしてしまう心をどのようにして変えることができるのか。仏教はその心のシフトの仕方を教え、実修させるために、精緻な心の哲学や科学（とダライ・ラマが言うもの）を生み出した。心に生起する負の感情をフリードリッヒ・ニーチェは「ルサンチマン（怨恨感情）」と捉えたが、その負の感情の浄化法としての仏教を、『この人を見よ』（原著、一八八八年）の中でニーチェは「精神の衛生学」（Hygiene）と言っている。そしてゴータマ・シッダルタを「あの深い生理学者仏陀」と称えている。

ニーチェによれば、キリスト教を衝き動かしているのは「ルサンチマン」であり、その負の感情に冒され覆われているのがキリスト教のドグマ（教義）や信仰や典礼だと捉えたニーチェからすれば、仏教は「ルサンチマン」からの解放という新しい福音を説く解放者であり、超人であり、未来哲学であった。ニーチェの『ツァラトゥストラかく語りき』（原著、一八八五年）は、そのような「ルサンチマン」からの解放者としての「超人」の思想と実践を説く一書であったが、それはキリスト教の破壊を仕掛けた反逆の思想書でもあった。

ゴータマ・シッダルタの認識と提言から始まる仏教（仏法）は、人類史上もっとも精緻な心の理論と卓抜した効果のある実践法（エクササイズ）を示した。その始まりには「諸行無常」（あらゆる物事は生成変化し常なるものはないという思想）や「諸法無我」（あらゆる事象や存在は実体性を持たないという思想）を説き、「魂」や死後の世界について「無記」（答えの出ないような、あるいは矛盾し合う正反対の答えを出すことのできるような形而上学的な問いについては答えない）という態度を取った。形而上学ではなく、具体的な心の処方こそが問題である、と。

このような心の処方としての仏教の特性を次のようにまとめることができる。

命題1　仏教は宗教批判である――バラモン教的血統主義批判。
命題2　仏教は形而上学批判である――霊魂や死後の世界については問わない（答えない、無記）。
命題3　仏教は言語批判である――言語は嘘や幻想を生み出す。
命題4　仏教は時間批判である――時間は認識を誤らせる（隠蔽したり加工したりする）。
命題5　仏教は心理学批判となる――心の素朴実在論ではない。
命題6　仏教は生理学批判となる――体の素朴実在論ではない。
命題7　仏教は世界宗教の審神者となる――宗教的信仰やドグマ的言説を相対化する。
命題8　仏教は宗教解毒剤となる――宗教的教義や信仰の唯一性や絶対性に留保をつける。

最澄と空海

このような心の制御法としての仏教を日本で最初に独自な形で深めたのが最澄と空海であった。仏教は、『日本書紀』推古天皇紀に記載された憲法一七条の第二条において「四生の終帰、万国の極宗」と称えられ、「和国」日本の精神原理として位置づけられた。最澄はその仏教を、比叡山延暦寺（最初の寺院名は「一乗止観院」）において「国宝」養成論として展開する。

弘仁九年（八一八年）に最澄によって著された『山家学生式』六条式には、「国宝とは何物ぞ。宝とは道心なり。道心ある人を名づけて国宝となす。故に古人いわく、径寸（注——直径一寸の宝玉）十枚、これ国宝にあらず。一隅を照らす、これすなわち国宝なり」と記されている。「国宝」とは、金銀財宝のような物ではない。それは、「心」だ。それも、「道心」という心。それこそが「宝」で、「道心」を持ってたゆまず生き、実践していく人こそが「国宝」なのだと断言している。つまり、「道心」を持って実践的に生きて活動する人である「国宝」を養成する国宝養成道場として比叡山一乗止観院を開いた、と最澄は高らかに宣言したのである。

そもそも仏教は「発菩提心（発心）」を基底として成立するが、最澄が拠り所とした中国天台宗には「一念三千」という心の哲学があった。「一念」は「三千」もの世界を持つほど多種多様に蠢き、広がり、拡散増殖する。それがさまざまな迷いや苦悩や煩悩を生み出しもする。悪さをするのも善いことをするのもみな心の作用である。その心を「摩訶止観」という座禅瞑想によって収め、静め、「一隅を照らす」国宝を養成する。その心の行が日本天台宗独自の一二年籠山行となり、やがて日本三大荒行の一つの千日回峰行ともなってゆく。とすれば、「最澄」という名は、心の制御に一意専心する心の行者を鮮明に顕す名前であったといえるだろう。

一方、最澄と並んで平安仏教を牽引した日本真言宗の宗祖となる空海は、『秘密曼荼羅十住心論』や『秘蔵宝鑰《ほうやく》』を著し、心の一〇段階の階層性を体系的・包括的に明示した。そして、最高の段階である大日如来の心、すなわち「秘密荘厳心」に至る道のりを「即身成仏」の道として示し、その方法論を「三密加持」という神秘的な密教修法で表した。その心の一〇段階は、低次の心の段階である第一住心の「異生羝羊心《いしょうていようしん》」から最高次の心の段階である第十住心の「秘密荘厳心」までの進化向上する「心の道」の提示である。この心の階層性を「如実知自心」することが「即身成仏」への過程であるとされる。

(1)**異生羝羊心**――無知で六道輪廻（地獄・餓鬼・畜生・修羅・人・天）の迷いの世界の中にある心。

(2)**愚童持斎心**――他者に自分の持つ食物を施す心。人倫の始まりで、五常や五戒や十善戒など儒教の道徳心や仏教の戒律を実践する心の段階。

(3)**嬰童無畏心**――純粋な子供のような宗教的な心が目ざめる段階。バラモン教のサーンキヤ哲学やヴァイシェーシカ哲学やヒンドゥー教やジャイナ教など、十六種外道の宗教や哲学の段階。
(4)**唯蘊《ゆいうん》無我心**――自我の実体を否定する無我心の段階。色・受・想・行・識の五つの存在要素、すなわち五蘊が和合したものとしての自我の無我性を自覚する声聞乗の段階。
(5)**抜業因種心**――一切は因縁より成ることを悟る縁覚乗の段階。
(6)**他縁大乗心**――衆生に対する慈愛の心が起きる大乗の段階で、特に唯識派の法相宗の段階。
(7)**覚心不生心**――空観による心の静まりと安楽がもたらされる空観を説く中観派の三論宗の段階。
(8)**一道無為心**――如実知自心や空性無境心の法華一乗を説く天台宗の段階。
(9)**極無自性心**――重々無尽の事事無碍《じじむげ》法界《ほうかい》の縁起を説く華厳宗の段階。
(10)**秘密荘厳心**――自らの心の源底を覚知し、身体数量を証悟する真言密教の最高の段階。

空海は、心はグラデーションをなし、一〇段階に階層化されており、世界の諸宗教や上座部仏教や大乗仏教など仏教全体のなかでも、真言密教こそが人間の心のすべての諸相を包含し、最高の心の段階・境地（究境地）にまで到達できる道と方途を示す最高最善の仏教であると主張した。

要するに、もっとも重要なのは「如実知自心」、すなわち如実に自分の心を知ることである。そしてその「源底」を知ることである。それが大日如来の「第十住心　秘密荘厳心」にまで到達する鍵（秘蔵宝鑰）であるというのである。

最澄や空海のみならず、法然、親鸞、一遍、栄西、道元、日蓮など、鎌倉仏教の祖師たちもみな心の認識と心の処方を説いている。それが、どのような経典に基づき、どのような思想を生み出し、いかなる方法を持つかについては、彼らは彼らの主体的な教相判釈《きょうそうはんじゃく》（仏教理解と経典・教義選択）によってそれぞれ独自な道と方法を提示した。たとえば、称名念仏（「南無阿弥陀仏」と称えること）や踊り念仏（踊りながら念仏を称えること）や座禅（公案を解く栄西の看和禅とひたすら座禅をする道元の只管禅《しかん》）や唱題（「南無妙法蓮華経」と唱えること）などの新しい手法と、その思想的根拠と実践過程を示したのであった。

悲しみも苦しみもそれを感じとり、悩むのは心である。であれば、その心の状態を何とかできないか。体の痛みを取り除くのが医学・医療であるとすれば、心の痛みを取り除くのは仏教である。仏教こそがもっとも深く適切に心の問題を解決する道である。仏教はそのような心の探究と問題解決（問題解除）の道である。そのような仏教は心の支えにも、生き方指南にもなるということを全仏教史は、また日本仏教史は多様で多彩な歴史的過程として示してくれる。

三　心の清明～神道の心観

異世界接続法と現実直視法

もしも宗教を「聖なるものとの関係に基づくトランス（超越）技術の知恵と体系」と定義するなら、宗教は「トランス（超越）」のはたらきを通して心や魂（霊性）の深みに降り立ち、その本性の力を引き出す身心変容技法といえるだろう。仏教ははたして「トランス」的かと言われれば、此岸（煩悩のあるこの世）から彼岸（悟りの世界ないし各種浄土）に渡って往くという志向性を持っていることで「トランス」志向を持っているということができる。

その宗教が編み出してきたさまざまな身心変容技法には大きく、

①物語法（ナラティブ・神話伝承）

②儀礼法（リチュアル、儀式や修法の執行）
③内観法（メディテーション、コンテンプレーション、瞑想、座禅、観想など。心や自己を見つめる、インサイトする）

の三種がある。

これらを異世界接続法と現実直視法という二種に分けると、①の物語法と②の儀礼法は、前者の異世界接続法になる。つまり、それらは、神話的な物語伝承やそれと提携する儀礼・儀式や修法を通して歴史的一回性を超えた神話的時間の中に参入するワザだからだ。それに対して、③内観法は、今ここに生起している自分の心を見つめたり、他者との具体的な関係性を振り返ったりすることによって、今ここの現実をより精密にスキャニングしたりイメージ操作したりすることで自己と世界の解像度を上げるワザである。日本においては前者の異世界接続法を主に神道が、後者の現実直視法を仏教が担ってきた。そして、前者がシャーマニズムのトランス的な身心変容技法である神懸り（帰神）を、後者が瞑想的な自己放下的な身心変容技法である止観や禅を開発した。もっとも、仏教には現実直視法と異世界接続法を結ぶ密教の三密加持や浄土教の称名念仏などの身心変容技法も編み出されてはいるので、仏教に異世界接続法のワザがないわけではない。

『古事記』というテキスト

さて、日本の宗教文化の最重要伝統の一つである仏教が心の大学院だとすれば、もう一つの日本の宗教文化の最重要伝統の神道は心の基礎学校（小学校：primary school）であるといえる。仏教の心観は存在論的にも認識論的にも高度な哲学的議論を持っているが、神道の心観はそれに比べて非常にシンプルである。しかし、シンプルであるからといって、低次元であるということではない。むしろ、基盤的な思考と観点を持っているというべきだろう。

『古事記』を神道的な思想表現を示した最古のテキストと仮定するなら、そこで表された神々の世界にはさまざまな苦悩や悲しみなどの負の感情が生起している。だが同時に、その負の感情を取り除く方法も示されている。そのことを『古事記』のいくつかのエピソードから検証してみよう。

私は『古事記ワンダーランド』（角川選書、二〇一二年）などの著作で、『古事記』をイザナミノミコトの「負の感情」の鎮めと浄めに発するグリーフケアとスピリチュアルケアの歌謡劇と捉える視点を提示した。そして、そのキー・キャラクターとなるスサノヲノミコトに始まる出雲神話を「怪物退治と歌の発生」という観点から解読した。この観点から見ると、スサノヲは「負の感情」の惑乱と制御の中心にいる神である。穢れ（暴力や荒ぶり）と浄め（鎮静）の両極を体現し、そのメタノイア的転換を実現成就する神である。

『古事記』における負の感情発生の発端は、具体的には、イザナミノミコトの嘆きと悲しみにあった。黄泉の国へみまかったイザナミノミコトは、自分を連れ戻そうと訪ねてきた夫のイザナギノミコトに、自分を探さないでと堅く戒めたにもかかわらず、夫はその禁止を冒し、腐乱して蛆《うじ》のたかった「いなしこめしこめき」イザナミノミコトのおどろおどろしい醜い姿を見てしまう。その姿を見られたイザナミノミコトは、「吾に辱《はぢ》見せつ」という、激しい怒りと悲しみのないまぜになった負の感情を爆発させた。そして、夫に対して、一日に千人の「青人草」(人間)を殺すと告げる。かつては国生み・神生みの豊穣と産出の女神であった大地母神でもある女神イザナミノミコトが一日に千人を殺す殺戮神に変貌するのである。

『古事記』の光と闇

『古事記』の神話的物語の光と闇はこのイザナミノミコトの「死」と「辱」から始まっている。その「死」と「辱」を一身に受けたのがスサノヲノミコトであった。

スサノヲノミコトは、父イザナギノミコトが筑紫の日向の橘の小戸の阿波岐原で禊をして、最後に化生した「三貴子」の末弟にある。イザナギノミコトは、左目から生まれた姉の天照大御神《アマテラスオオミカミ》には高天原を、右目から生まれた弟の月読命《ツキヨミノミコト》には夜の食国を、最後に鼻を洗って生まれた須佐之男命《スサノヲノミコト》は大海原を治めよと三分治を命じた。天照大御神と月読命の二神は父の言いつけをよく守ったが、末弟のスサノヲノミコトは、顎髭が胸先に垂れるほど成長しても泣き喚いてばかりいて、その暴風のような泣き声で海の水が干上がり、山の木もみな枯れてしまうというありさまだった。そして、世界は、「悪しき神の声《こえ》は蠅如《さばえな》す皆満ち万の物の妖《わざわい》悉《ことごと》に発《おこ》りき」という混沌と混乱に陥った。そこで、業を煮やしたイザナギノミコトはスサノヲを問いただした末に追放する（日本最初の勘当の物語）。

スサノヲは父に追放された後、なぜかすぐに母の国を訪れず、姉の天照大御神に別れを告げに高天原に上る。だが、姉の天照大御神は弟が自分の国を奪いに来たのではないかと疑う。そのために、スサノヲは自分に「邪心・異心」がないことを証するために、互いの「物実《ものざね》」を交換して「宇気比《うけひ》」という秘儀のワザを行うと、宗像三女神（タキリビメ・イチキシマヒメ・タキツヒメ）を得たので、心が「清明」であることが証明されたとして傍若無人な振る舞いをする。

ここで問われているのは、「清明心」である。心が「清明」であるかどうか。だが、邪《よこしま》な心「邪心・異心」がなく、「清明」であると証明されても、父に追放され姉に「邪心・異心」を疑われたという事態は変わらない。スサノヲは父や姉の無理解や疑いに対する反動なのか、自分の清明心が証明されたと勝ち誇り、農耕の邪魔をしたり、大嘗殿を糞で穢《けが》したり、血だらけの馬を投げ入れて機織女を死に追いやってしまうなど、さまざまな乱暴狼藉や悪逆非道の行為を行う。そのため、天照大御神は怒り悲しみ、天岩屋戸に差し籠ってしまった。するると、世界が暗黒になりもろもろの災いが起こってきたので、神々が集まって相談して祭りを行った。それにより天照大御神を天岩屋戸から引き出すことに成功し、この世界に秩序といのちが復活した。そして、世界を暗黒と混乱と危機に陥れたスサノヲに厳罰が下された。スサノヲは鬚を切られ、手足の爪を抜かれて高天原から追放された。

『古事記』が物語るところでは、スサノヲは父と姉から二度にわたって追放された手のつけられない荒くれ者である。ここまでのスサノヲは、見境なく暴れ、殺害する神で、誰にも制御できない荒魂《あらみたま》である。

変貌するスサノヲ

しかし、スサノヲ神話の後半、つまり、高天原から出雲に降り立ってからのスサノヲは大変貌する。これまでの悪神のような振る舞いが回心して善神に大転換したかのようである。その父と姉に追放された暴力神が、国つ神の苦難を救済する神に変容したからである。これまで、泣き叫び、周囲の嫌がることばかりをする荒くれ者とは思えないほど、凛々しく迅速かつ的確な判断と行動で八頭八尾の怪物・八俣大蛇《ヤマタノオロチ》を退治する。実に要領よくテキパキと八つの甕《かめ》を置き、そこになみなみと酒を注ぎ、八俣大蛇に食い殺される運命にあった櫛名田比売《クシナダヒメ》を絶体絶命の窮地から救い、両親から感謝される。また、八俣大蛇の尾から取り出した不思議な剣（後の三種の神器の一つの草《くさ》薙《なぎ》の剣）を姉の天照大御神に献上し、救出したクシナダヒメと結婚するために愛の住み家を作る。そのために出雲の須賀の地に至り、そこで「我が御心すがすがし」と言って次の歌を詠った。

八雲立つ　出雲八重垣　妻籠みに　八重垣作る　その八重垣を

――もくもくとたくさんの雲が立ち上ってくるこの出雲の地でわたしはたいへん美しい姫を得た。その喜びとともに八重垣をもって姫を大切に籠もらせる愛の住まいを打ち立てて常永久にここで愛するおまえとともに過ごしていこう。――

『古事記』が語るところでは、これがわが国における最初の歌である。母を求め恋い慕って泣き叫んでいた荒ぶる声は、今や愛する妻を得て喜びのみなぎる力強い歌声に変容する。破壊的な声の力が調和に満ちた愛の言霊に変化する。ここにおいて、手のつけられない粗暴な子供であったスサノヲは、誰にも制御不能な凶暴な八俣大蛇を退治することによって、力と心を制御するワザ、剣と和歌のワザを身につけ、イニシエーションを達成し、最高の英雄神と成った。これによって、八俣大蛇の凄まじい破壊力にも比せられる母の怒りと悲しみに発する負の感情の暴発を制御し鎮撫することができたということが暗黙の裡に示されている。

とすれば、この怪物退治の物語は、追放者スサノヲが忌避され恐れられた怪物である八俣大蛇を倒すことによって、おのれの凶暴な暴力性を抑え、治めることに成功したイニシエーション・ストーリーとして読み解くことができる。またここに、もっとも深い穢れの中にある神がもっとも力強い浄めを行うことができたという「反対の一致」（ニコラウス・クザーヌス）の逆説を読みとることもできる。

このスサノヲによる八俣大蛇の物語は、荒ぶる心や行動や現象や社会を制御しコントロールするワザの体得の物語であり課題解決譚である。そこでは、力すなわち剣による制御（外的世界の鎮め・社会の制御）と言葉による制御（内的世界の鎮め・心の制御）という二つの制御のワザが表出されている。とりわけ、後者の言葉による内なる負の感情の鎮めが歌の発生と結びつけて語られている点に注意したい。

神道には仏教のような明確な教義はない。そこにはセントラルドグマも神学も形をなさない。しかし、神話的物語の語りと詠歌の中に、仏教的な瞑想的手法による負の感情の浄化法とは異なるワザのありようが見えてくる。一言で言えば、祭りの力と歌の力、ということになる。

こうして、むすびのはたらきが生み出した存在と生命の根源的な清浄である「清明」に立ち還るために、神道は祭りと歌を生み出したと総括できる。それこそが神道的な負の感情処理のワザであった。あえて「ヨブ記」の世界に引きつけて語るならば、神道は祈りと詩を生きるよすがと力にしたといえるだろう。

以上を、次の命題群にまとめることができる。

命題1　『古事記』は詩（叙事詩・歌謡・伝承詩）である。

命題2　『古事記』の一部は祝詞である。

命題3　『古事記』は鎮魂の書であり、負の感情の浄化を図るグリーフケア・スピリチュアルケアの書である。

命題4　『古事記』は残酷・非情の書でありつつ、同時に生命讃美の書である。

命題5　神道は『古事記』に表現された思想（「むすひ」や「清明」や「すがすがし」）や形式（「みそぎ・はらへ」や「まつり」や「うた」）を含み持っている。

四

二種類の死生観〜本居宣長と平田篤胤の安心論

国学者たちの希望

多くの日本人に『古事記』が日本の古典として、また古代人の心性や世界観の表現として認められるようになったのは本居宣長以降のことである。長い間『古事記』は秘義秘伝的な、あるいは異伝的な扱いを受けてきた。だがそこから、現代の私たちも、古代日本に渦巻いていた悲哀や苦悩の数々とそれをどのように突破していったのかのエピソードを読みとり、参考にしていくことができる。

しかし、『古事記』編纂から一三〇〇年以上の時を経た今日、日本の社会と歴史に刻まれた変容を見据え、受け止め、咀嚼しながら、そこから自らの生きるよすがを見出そうとするとき、伝統的な物語や儀礼は一つの手がかりとはなっても、十全に私たちが抱える問題に応えてくれるものではないことに気づく。それは、クシュナーが自分たちに降りかかった苦悩を受け止めるためにユダヤ教の伝統的な神理解を一部否定しなければならなかったような痛みと開放を含むことになる。伝統的な物語やワザをそのままの形で生き切ることは不可能である。本居宣長や平田篤胤などの国学者たちも、そのことに半ば気づきつつも不可能性の可能性に生きるよすがと希望を見た。

本居宣長も平田篤胤もともに「大和心」の重要性を説き、古《いにしえ》の道を研究し実践するためにはそれを学ぶ道、学びの徒の心自体が「大和心」でなければいけないと考えた。その「大和心」とは、本居宣長的な文脈では「物のあはれを知る」心である。しかし、本居宣長は「物のあはれを知る」ことの重要性は確かに強調したが、死後の世界のことにはほとんど関心を示さなかった。

「死」も曖昧さでとらえる

本居宣長は、『鈴屋答問録』一二のなかで、『古事記』などの古典の理解に基づきながら日本人の死生観について、「安心《あんじん》なきが安心《あんしん》」（戸田義雄「アンシンか、アンジンか――安心論をめぐる宣長と篤胤」『國學院雑誌』七十四巻第一一号、一九七三年）なのが神道の生き方であるとする。その考えによると、古来、日本人は死んだらどこへ行くのかというような死後観の問題については究極的な答えを探そうとはしなかった。探しても見出せないものには頓着しない。拘泥しない。曖昧なままにしておく。そこにこそ日本人の心の有り処が見えてくる、と考えたのが本居宣長である。それが「安心なきが安心」という主張となる。

そこには、たとえば阿弥陀如来の本願への信心による絶対的な安心《あんじん》などというものはないけれども、安心がないこと自体がわれわれの安心《あんしん》になっているという逆説的な論理がある。それは『古事記』などの古典を「さかしら」や「からごころ」を交えずに素直に読めばわかってくることだ。探しても探しても見出せなかったり、よくわからないものを理窟をこねたりせずに、曖昧であってもあえてそのままにしておくところに大らかで素直なよさがあると本居宣長は考えたのである。だから、仏教のように死んだら極楽浄土に往くというふうに、死後観について明確化したり深めたりする必要はないというのが彼の立場であった。

本居宣長は、死の世界について、『古事記』にあるように「死んだら悲しい」「暗い黄泉の国のようなところへ行く」といった理解と態度で臨もうとした。死後の世界については不可知論で深入りすることはない。地獄や極楽といった世界観は神道にはない。そのような死後世界に頓着することなく、日々の勤めを淡々と果たしていくのが神道の安心であり、「安心なきが安心」である。そもそも、世の中の宗教家や思想家たちが語る安心のための教義や理屈は賢《さか》しらが勝ちすぎていて、信用が置けない。死んだらどこへ行くのかなどということで悩む必要はない。このような考えを『鈴屋答問録』一二に即して整理すれば次のようになる。

①神道には「御手前の安心」（個人の安心）というものはない。そのようなものは、仏教や儒教のつくりもので、こざかしい理屈であり、「無益の空論」である。

②いにしえにはそのような空理空論はなかったが、外国からさかしらな考えが入って来て、それら儒教や仏教や老子などの影響を受けて、あえて「安心を立てる」（安心を作る）ようになり、こうして「神道の安心」も作るようになるが、元々そんなものはないのだ。

③そのような儒教や仏教の影響（習気）があっては「真実の道」は見えなくなるので、そのような汚れを洗い流す必要がある。

④このようにして、曇りなき眼を以て日本の古典をよくよく読み込み味わうと、「御手前の安心」などというものは空論であり作為であり、そんなものが作りものだということがおのずとよくわかってくる。これこそ「真実の神道の安心」なのである。

⑤しかしそうは言っても、神道には「安心」はないと言うと、人々は納得しない。それは儒教や仏教の影響を受けたものの見方の「癖」によって物事を見てしまうからである。

⑥とはいえ、人はとくに今わの際になったりすると、ついつい心細くなって、仏教の言う地獄や極楽のことなどを信じてしまったりするものだが、これも不安がなせる人情のことわりというものである。

⑦「神道の安心」というものは、地獄とか極楽とかではなく、人は死ねばみな善人も悪人もただ「黄

泉国」に行くということだけで、それを悲しむほかないのである。善人だからといって特によいところに生まれるということもないし、とかくの理窟もない。ただそれだけなのであるが、そんな素直な悲しみを儒教や仏教はそうではないかのように理窟をこねているので、それは「真実の道」でないのは明らかだ。

徹底的に探究した平田

しかしながら、没後の門人の平田篤胤はそのような不可知論的な曖昧な答えと態度ではまったく満足できなかった。平田篤胤は「大和心」を固めるためには、死後の世界の魂の行方を理解する必要があると考えた。そこで彼は、幽冥界すなわち霊的世界を探究し、神や妖怪や生まれ変わりの問題に真剣に取り組んだ。神道的死生観を確立しないと「大和心」は確立できないと考えていたからである。それは本居宣長とは正反対の発想と探究であった。

本居宣長は、死後世界のことも死後世界を支配する神の存在もまったく問題にすることはなかった。しかし、平田篤胤は、死後世界と死後世界の統治者について徹底的に探究した。そこには、クシュナー同様の実存的な痛みがあった。二人の我が子を亡くし、苦労をともにしてきた愛する妻を若くして亡くしたという身近な三人の肉親の死があったのだ。長男常太郎を一歳で亡くし、次男半兵衛も八歳で亡くした。その上、最愛の妻織瀬を三一歳で喪った。次々と愛する肉親を喪う経験を持った平田篤胤は、死後世界のことも死後の霊魂の行方のことも他人事ではなかった。

若くして死んでいった妻子は死んでどうなっているのか？　死後世界において心安らかに暮らしているのか？　そもそも死後世界とはどういう世界なのか？　その世界の構造はどうなっているのか？　切実にそのことを問いかけ、古典やその他のさまざまな文献にも手がかりを求めた。平田篤胤は『古事記』や『日本書紀』や『延喜式祝詞《えんぎしきのりと》』などの神道的世界観と歴史を表している我が国古典のみならず、聖書の神話やキリスト教や密教や道教の文献をも博捜し、今風に言えば、比較神話学や比較民俗学や比較宗教学的な観点を以て死後世界――平田篤胤はそれを「幽冥界」と言った――の研究を進めていったのである。そして、「顕露事《あらわにごと》」は天皇（皇美麻命《すめみまのみこと》）が統治し、「幽冥事」は大国主命が支配すると結論付けた。

幽冥界を探究することにより死後の魂の行方を知り、それを通して「大倭心の安定《しずまり》」を得ることができると考えた平田篤胤は、思想的古典研究の他にフィールドワーク的なインタビュー調査も試みた。その一つが天狗界に出入したと江戸で評判になっていた一五歳の少年寅吉にその体験を聞き出すことであり、もう一つが生まれ変わりの記憶を持つ八王子に住む八歳の勝五郎少年にその前世記憶を確かめ、どのような過程を経て生まれ変わったのかを調査探究することであった。

そして前者を『仙境異聞』、後者を『勝五郎再生記聞』としてまとめた。

身の丈に合った死生観

本居宣長と平田篤胤の国学探究は対照的である。前者は、「物のあはれを知る」ことを核とし、死後世界に積極的な関心を示さず「安心なきが安心」という態度と死生観を持って生きた。それに対して、平田篤胤は「もののけ（幽冥界）のありかを知る」ことを核とし、死後世界に積極的な関心を示し、死後の魂の行方を探究することで「大倭心の安定」を図る生き方をした。両者は、日本人の死生観の持ち方として対極的な観点と生き方を示している。

私自身は長い間、平田篤胤的な生き方をしてきたと思うが、五〇代以降、徐々に本居宣長的な考え方と生き方がポジティブに理解できるようになった。無理をしなくていい。わからなくてもいい。そんなこと、どこまで行っても、どれほど探究しても、真実はよくわからないのだから。先祖たちが示した道をただそれに即して自分もその道を辿るだけだ、という本居宣長の思想や生き方にも一つの純粋性と等身大の覚悟を見るようになった。そして、無理はできない、ということは、自分の魂に嘘はつけない、そもそも魂は嘘をつけないのだから、背伸びも無理も効かない。そのままの自分をまずは受け入れるほかないし、わかることはわかるときにはわかっているものだ、という半ば諦めともお任せともいえるような心もちにだんだんなってきた。

人は自分の人生に沿って、自分の身の丈に合った死生観を生み出し摑むよりほかない。それ以上でもそれ以下でもない。本居宣長は自分の真摯な生き方と探究の過程で「安心なきが安心」という認識と心境に至ったのだし、平田篤胤は平田篤胤で同じように真摯な生き方と探究の過程で幽冥界における魂の行方がわからなければ自分の心の安定はないと考えるようになった。そのどちらもよしとしなければならない。どちらが上で、どちらが下とも言えない。それぞれの立場と死生観をそれとして受け入れるほかない。

戸田義雄は前掲著書のなかで、本居宣長の安心を「被投性型安心感」、平田篤胤の安心を「企画型安心観」と対照的に位置づけたが、小論の文脈に即していえば、平田篤胤にはクシュナー的な痛みとそれを超えてゆく神学的要請があったといえるだろう。

五 現代人の死生観探究

マインドフルネス瞑想とは

現代の文明社会では大人も子供も非常にストレスフルな世界に晒されて生きている。だからこそ、精神科医のジョン・カバット・ジンによって、ストレス低減法として仏教色を拝して医療的観点から再編・処方された「マインドフルネス瞑想」がこれほどの流行を見せてもいるのである。また同時に、修験道のように、体を使って山岳を跋渉するなかで脱ぎ棄てられていく自分のガードを外し、大自然のなかでのいと小さき己れの存在を身に染みて感じとり、そのことを含めてすべてのいのちや存在に対する畏怖畏敬や感謝の念を持つようになる身心変容技法に強い関心と実践が向けられることになる。インドアで心を見つめるか、アウトドアで体を酷使しながらおのれを見つめるかの違いはあっても、生きにくい現状を打破していきたいという衝動と志向性に支えられている点では両者は共通した動機を持っている。

内観的瞑想も外界没入的修験道もともに、「嘘をつかない体と嘘をつく心と嘘をつけない魂」の相関を串刺しにしつつそれぞれの位相をクリアーにする体験をもたらす。両者はともに自己と世界を見る解像度を上げる経験をもたらす。また、ともに、メタノイアをもたらす機会となる。

現代日本人の死生観と弔いの作法が問われたのは、二〇一一年三月一一日に起きた東日本大震災によってである。このとき、津波による多数の行方不明者と身元不明者が出た。地震から約半年後の二〇一一年八月二七日の発表では死者数は一万五七三五人、行方不明者数は四月五日の発表では一万三四七名、八月二七日付けで四四六七名であった。これほどの行方不明者数の多さは阪神淡路大震災や中越地震ではなかった事態だった。津波によってどこへ行ったかわからない肉親。しかし、一カ月たっても二カ月たっても見つからない。見つからない肉親をどのように扱えばよいのか？　それは死者なのか？　生者なのか？

また、遺体が見つかっても、損傷がひどく、姿形も全体がわからない。肉親が探しに行っても確信を持てるほどの痕跡を留めていないこともある。それは、死体であり、遺体であり、死者であることはわかっているけれども、どこの誰の死体であるかわからない。身元不明の遺体。その遺体をどう扱えばいいのか？

東日本大震災は、否応なく、このような行方不明者と身元不明者の葬儀と埋葬に関わらなければならなかった。わからなくても葬儀を行う必要があった。そのようなやむにやまれぬ事情のなかで、合同葬儀が執り行われることになった。そのとき、神道、仏教、キリスト教、新宗教など、さまざまな宗教・宗派の宗教者が集まって合同礼拝の形で葬儀を執り行うことになった。身元不明者の場合、どのような宗教宗派に属しているのかわからない。わからないけれども、これ以上埋葬を先延ばしにするわけにはいかない。とすれば、さまざまな宗教宗派の合同葬儀で死者に対し、遺体に対して哀悼の意を表しつつとりあえずの葬儀を執り行うほかない。どこの誰かがわからなくても、死者と死体に祈りを捧げ、儀礼的に弔わなければならない。

「臨床宗教師」とは何か

このような事態が東日本大震災のときに起こってきた。そのことは諸宗教・諸宗派の宗教者の連携を促すことになった。自分たちの一宗一派の立場などにこだわってはいられなくなった。合同で葬儀をし、ともに敬虔に祈り、鄭重に弔う儀式を行うことが死者への供養や鎮魂だとするしかなかった。

そのような経緯や事情と経験を通して生まれてきたのが「臨床宗教師」という新しい公共的な宗教家であった。二〇一六年二月二八日、「日本臨床宗教師会」（会長・島薗進上智大学グリーフケア研究所所長・東京大学名誉教授・宗教学）が設立された。同会の設立趣意書には、「臨床宗教師（interfaith chaplain）」とは、「被災地や医療機関、福祉施設などの公共空間で心のケアを提供する宗教者」であると規定されている。いつでも、どこでも、誰とでも真剣に向き合い、スピリチュアルケアや宗教的ケアを実践する宗教者であることを目指して互いの質的向上を図っていく団体が日本臨床宗教師会である。

「臨床宗教師」という言葉は、これまで台湾などでも用いられてきたが、日本では欧米の聖職者「チャプレン」に対応する日本語として、緩和ケアの第一人者であった仙台の岡部健医師が東日本大震災後の二〇一二年にその必要性を提唱し、以降、徐々に広く使用されるようになり、大きな反響を呼びながら新しい活動と運営のうねりを生み出している。

基本的に、臨床宗教師は、自宗の布教や伝道をすることを目的としない。むしろ、相手の価値観や人生観や信仰を尊重しながら、各自が立脚する宗教者としての経験を活かして、苦悩や悲嘆を抱える人々に寄り添う存在である。臨床宗教師は、さまざまな専門職とチームを組み、宗教者として全存在をかけて人々の苦悩や悲嘆に向き合い、かけがえのない個人の経験と物語をあるがまま受けとめ、そこから感じ取られるケア対象者の宗教性を尊重し、スピリチュアルケアと宗教的ケアを行う。

臨床宗教師という名称は、チャプレン（病院や刑務所や軍隊などで行うキリスト教聖職者の宗教的ケア実施者）やビハーラ僧（仏教聖職者の仏教的ケア実施者）やパストラルケアワーカー（キリスト教司牧者のケア実施者）などを包含している。そして、各宗教の一宗一派の立場や方式を超えて、各宗教者のそれぞれの宗教的基盤を尊重しそれに敬意を払いながらも、それにとらわれずに広く協力していく願いが込められている。そこで、仏教やキリスト教や神道や新宗教など、さまざまな信仰を持つ宗教者が協力して活動と展開を始めているのである。

臨床宗教師が誕生するきっかけとなったのは、先にも述べたように、二〇一一年三月一一日に起こった東日本大震災であった。「3・11」後、医師や看護師や臨床心理士らによる「心のケア」と、悲しみに寄り添う宗教者の支援活動が被災者に生きる希望と助けと支えとなった。加えて、支援した宗教者みずからが被災者の思いやりや優しさに支えられ、生きる意味と宗教の存在意義を改めて学び直した。二〇一一年に、島薗進を中心に、宗教者や宗教学者や医療関係者らによって宗教者災害支援連絡会が設立され、それに連動しつつ、被災直後に設立された「心の相談室」を母胎に、二〇一二年に東北大学大学院文学研究科実践宗教学寄附講座が開設された。そしてそこで日本で最初に臨床宗教師の名で、宗教学や死生学やスピリチュアルケアや臨床実習を組み合わせた研修と養成が始まり、それが各大学に拡がっていった。その後、諸大学研究機関もこれに取り組み、修了者は二〇〇名を超え、認定臨床宗教師の資格を有する人たちが全国各地で活動し、メディアで話題になることも増えた。

「心のケア」が問題となった阪神淡路大震災後の臨床心理学や精神医学の広がりと展開に対して、東日本大震災後においては、心のケアからさらに一歩踏み込んだスピリチュアルケアや宗教的ケアや臨床宗教師が前景化した。これはこの約二〇年間の大きな変化である。

もう一つの大きな変化は、心のケアに関わる臨床心理学や精神医学などの心理療法に対して、直接脳の機能とメカニズムの解明と処方に活路を開く脳科学・神経科学・認知科学の隆盛である。「心のケア」から「脳のケア」へと大方の関心と方法論が移行しているかに見えた矢先に「3・11」の東日本大震災が起きた。ここにおいて、身体的（physical）、精神的（mental）、社会的（social）だけでない、はからずも「スピリチュアル（spiritual：精神的・霊性的）」な次元に深く直面せざるを得ない事態となった。

東日本大震災では、津波によるこれまでにない多数の行方不明者や身元不明者が出た。気の遠くなるような捜索と確認の作業とその過程での悲嘆や絶望、そして葬儀の問題。死者をどのように見送り、埋葬し、鎮魂・供養すればよいのか？　人間の生存と生死にかかわる本質的な問題に直面せざるを得なかった。

また、福島原子力発電所の炉心溶融による放射能被害により、居住地を離れるほかない故郷喪失者が多数出たことも、これまでにない新たな深い喪失経験となった。町ごと、コミュニティごと、そこの自然と生活圏全体を喪うことになったのである。

加えて、被災地の大半を占める東北地方には古くからのシャーマニズム的な民間信仰が色濃く残っていた。恐山のイタコのように、死者の霊と交信・交流する習俗も特異な事例ではない。この習俗化し身体化した民間信仰の基盤は知的な認識や意識的な行動を超えて、あるいは包み込んで作用する、まさにスピリチュアルなリアリティを持っている。そこで、幽霊体験なども多く報告され、死者との民間伝承的な交信現象も多数浮上してきている。

「G.R.A.C.E.」とは何か

そのような死の前景化の過程におけるもう一つの新しい変化として、「G.R.A.C.E.」の活動がある。「G.R.A.C.E.」は、医療人類学者であり僧侶でもあるジョアン・ハリファックス（一九四二年生まれ）が考案した死にゆく過程とともにある"being with dying"のプログラムを研究し実践する集まりである。そこでは、仏教的実践の中核になるコンパッション（compassion：慈悲心・思いやり）に基づいて、ケア者自身のあり方や死生観を見つめ深めていくプログラムが最新の脳科学や認知科学の成果を取り入れながら考案されている。

その「G.R.A.C.E.」とは、

① Gathering attention（注意を集中させること）
② Recalling intention（動機と意図を想い起こすこと）
③ Attunement to self/other（自己と他者の思考、感情、感覚に気づきを向けること）
④ Considering what will serve（何が役に立つかを熟慮すること）
⑤ Engaging and Ending（行動を起こし、終結させること）

の頭文字をとった合成語であるが、英語で「優雅・気品・思いやり・恵み・神の恩寵」などの意味を持つ「grace」との掛詞でもある。最初の「G」の「注意の集中」は、まさにそれが「マインドフルネス」であり、今ここのこの瞬間に注意を集中させて、落ち着いていることができるかどうかをチェックする。そして次に、「R」の自分がなぜここにいるのか、その動機や意図を想い起こす。さらに、「A」の自分や他者に波長を合わせて深い交感ができる状態に導く。そして、「C」の今ここで何ができるか、何が役に立つのかを熟慮する。最後に、「E」の関わりを持ちながら実際に行動し、終結させる。このような過程をプログラムしているのである。

このプログラムの発案者のジョアン・ハリファックスは、『死にゆく人と共にあること――マインドフルネスによる終末期ケア』（井上ウィマラ監訳、春秋社、二〇一五年）の中で、バーニー・グラスマン老師の提唱した平和構築の基礎となる「三つの信条」を示している。その三つの信条とは、

①「知らない（わかったつもりにならない）ということ」(non knowing)
②「見届ける（見守る）こと」(bearing witness)
③「慈悲深い行為」(compassionate action)

の三つである。ジョアン・ハリファックスは、同書のなかで、「これら三つは、死にゆく人や、悲嘆にくれる人や、ケアを提供する人たちとのあいだで私が経験したことを反映しています。三つの信条は、死にゆくプロセスと共にあることを実践するとき、私にとってのガイドラインになっています」と述べている。

また、自分自身をモニターチェックするテーラワーダ（上座部）仏教のヴィパサナ瞑想や禅に端を発する「マインドフルネス」の三つの鍵を、

①気づき
②リラックス
③手放すこと

と述べている。最初に、注意を凝らして、自分の状態に気づかなければならない。そして、自分が陥っている状態に気づくことによって、意識と行動との間に余白が生じ、余裕が生まれる。そして、自分の傾向や気がかりなことを手放すことによって解放される。そのようなプロセスを辿ることによって、心をクリーニングし、リフレッシュし、ノンストレスにメンテナンスする。それがマインドフルネスの目指す方向である。

死の受容

マインドフルネスをエビデンスに基づいてストレス低減法として医療の領域に活用し定着させた分子生物学者のジョン・カバット・ジンは、『マインドフルネスストレス低減法』（春木豊訳、北大路書房、二〇〇七年）のなかで、マサチューセッツ大学メディカルセンター（マインドフルネスセンター）での四〇〇〇例の症例をもとに、「マインドフルネスとは、意図的に、この瞬間に、評価することなく注意することで湧き上がる気づきである」と述べ、その瞑想の特徴を、①判断しないこと、②忍耐強さ、③ビギナーズマインド、④信頼、⑤頑張らないこと、⑥受容、⑦手放すこと、とした。

ジョン・カバット・ジン（一九四四年生まれ）は身心の相互関係を臨床研究し、慢性疼痛やストレスを持つ患者に有効なハタヨガと瞑想を組み合わせた八週間のプログラム、マインドフルネスストレス低減法（ＭＢＳＲ）を開発し、一九七九年からマサチューセッツ大学のマインドフルネスストレス低減センターで臨床応用を始めた。

だが、どのようにマインドフルネスを講じても、いつかは必ず誰にでも死が訪れる。また、死を含むさまざまな喪失や破局的事態に直面する。そのとき、どのような心構えで向き合えばよいのか。最終的にはそれぞれの死生観と覚悟を構築するほかないのだが、ジョアン・ハリファックスは前掲書の中で次のように述べている。

「破局的事態というのは、たいてい、息も詰まるほどの恐怖に囚われた状態から、力強さや、智慧や、やさしさが解き放たれる局面となります。死に向かいながら、私たちはさらに生き生きとすることができます。心あるいは人生が溶解していく只中で、それに立ち会いケアをするなら、慈悲の種をまくことができます。このようにすることで、私たちは成熟し、透明性や親密さが生みだされます。私たちが肉体的にも精神的にも傷つきやすいということは、もしそれを自分に許すなら、進むべき道と今ここを教えてくれます。それはまた感謝と謙虚さをも育んでくれます。破局的であることは、スピリチュアルな道の本質である。一連の挫折を経ることによって、私たちは、人生のすべてを一枚の布全体に織りあげる糸を発見することができます」

ジョアン・ハリファックスは、人は死に向かいながらもさらに生き生きとすることができるという。そこから力強さや知恵や優しさが生まれてくるともいう。破局的な過程を通過することがスピリチュアリティを深めていくという事態は、生易しくも簡単でもないが、味わい深い人生過程である。

精神科医のエリザベス・キューブラー＝ロス（一九二六～二〇〇四）は、『死ぬ瞬間――死とその過程について』（On Death and Dying：原著一九六九年、川口正吉訳、読売新聞社、一九七一年）において、死の過程で現れる五つの心理的段階を提示し、注目を浴びた。

①否認
②怒り
③取引
④抑鬱
⑤受容

の五段階である。

がんなどで死を告知されたり、死を目前にした患者は動揺する。衝撃を受け、そんなはずはないと否定する。だが、その事実が打ち消し難いものと知ると、どうしてこの今、この自分が死ぬ羽目にならねばならないのかと怒りが湧いてきて、それを周りにぶつける。そして、何とかならないか、何とかして助かる方法はないかと延命への道を探し、いろいろと取引を試みようとする。何でもするから命だけは助けてほしいと、神にすがったりする。しかしそれも無駄なことだとわかると、いかんともし難いことの事態に無力を覚え、失望感を抱き、抑鬱状態に陥り、絶望と悲嘆に暮れる。そして最後に、死を受け容れるほかないと諦める。

その死の受容の過程で、いろいろなレベルでの和解が生まれるかどうかが、死に至る最終段階の課題である。自分自身との和解、他者との和解（肉親・友人・知人・先祖・子孫などなど）、自然・生命・宇宙との和解。一言で言えば、「ごめんなさい。ありがとう。愛している」ということを心の底から言えるかどうかである。もしその言葉が素直に言えるとしたら、死の受容は穏やかでピースフルなものになるだろう。

おわりに

宗教の根本三要素は神話と儀礼と聖地である。人は何によって生きるかという問いを宗教という観点から考えるとき、人にとって神話や儀礼や聖地がどのような意味とはたらきを持っているかを考えることはさまざまな示唆をもたらすことになるだろう。

神話は、私たちの住むこの世界はどのようにして出来上がってきたのか、我々はどこから来てどこへ行くのか、人間はどのような意味と価値を持っているのかなど、自分たちを支える根源の物語である。神話は人間のアイデンティティーの一等根幹を支えている物語で、世界と人間についての物語的説明と言語表現である。そのなかに当然のことながら、死や死後世界（霊界・他界・異界）のことも含まれている。私たちは生きていく上で、何がしか、そのような根源的な物語を必要としている。それは生の必需品であると言える。

儀礼は神話に基づき、連携し補完し合いながら、神や霊などの超越的な存在世界との接触を果たし、この世界で生きていく活力や癒しを得る身心変容技法であり行為表現である。私たちは生きていく上で、何らかの儀礼なしに生きていくことはできない。というよりも、人間的な生存の形がそもそも儀礼的な性格を持っている。歌うことも踊ることも祈ることもみな儀礼の形である。

そして、神聖な物語である神話が語られたり、儀礼が執行されたりする聖なる場所が聖地である。そこは、神仏や精霊など、聖なるものが示現し立ち現れた場所であり、超越世界への孔・通路・回路・出入り口である。聖次元へのチャンネルとなる場所が聖地である。私たちは生きていく上で、何がしか特別な場所や空間を必要とする。例えば、自分の家や部屋や住処を必要とする。自分の体と心が安全で平安でいられる場所が必要となる。そのような場所や空間なしに私たちは生きていくことができない。とすれば、神話（物語）と儀礼（芸術・芸能を含む）と聖地（家や部屋を含む）は、それぞれみな生活必需品である。

宗教は「聖なるものとの関係に基づくトランス（超越）技術の知と実践の体系」と言える。トランスとは境界を踏み越えていくことを意味するが、そのトランス（超越）の最も普遍的な（誰しも経験する）事態が死である。しかし、それを経験し終える時には、肉体を伴う自己を失っているので、厳密な意味で、生きたまま死を経験することはできないし、死のリアルを語ることもできない。それに近い事態が臨死体験（near death experience）や体外離脱体験（out of body experience）であるが、それも死そのものではない。

そのような死の体験の普遍性と不可能性ゆえに、死についてはさまざまな観念や思想が語られてきた。宗教は死について各宗各派の独自の思想と儀礼を生み出した。だが、そのような伝統はあったとしても、死は個別的で一人ひとり代替の効かないものである。故に、人は皆死者になるし、同時に、死者に向き合う存在、弔い人ともなる。

かつて、宮沢賢治は一九二六年に『農民芸術概論綱要』を著し、そのなかの「農民芸術の産者……われらのなかで芸術家とはどういふことを意味するか……」において次のように記した。

職業芸術家は一度亡びねばならぬ
誰人もみな芸術家たる感受をなせ
個性の優れる方面に於て各々止むなき表現をなせ
然もめいめいそのときどきの芸術家である
創作自ら湧き起り止むなきときは行為は自づと集中される
そのとき恐らく人々はその生活を保証するだらう
創作止めば彼はふたたび土に起つ
ここには多くの解放された天才がある
個性の異る幾億の天才も併び立つべく斯て地面も天となる

この宮沢賢治の「農民芸術の産者」の言葉に倣って言えば、「職業宗教家も職業葬儀者も一度滅びねばならぬ／誰人もみな弔い人たる感受をなせ」と宣言する必要があるだろう。つまり、一人ひとりの各人各個が死の当事者なのであるから、それを人任せにすることはできないということだ。死に関しては、専門家はいない。というよりも、全員が当事者であり、専門家であるべきだということになる。

死を前にしたとき、人は否応なく嘘をつけない自分自身に直面する。例えば、死の不安が湧き上がってくるとして、それを避けることはできない。自分の心のなかに起こることを否応なく見つめるほかなくなる。マインドフルネスを意識しなくても、マインドフルネス的な状況が生まれる。だがそこで、マインドフルネス瞑想などの身心変容技法をわきまえていたとしたら、動揺する自分の心をいくらか冷静に見つめ、チェックすることができるだろう。それによって、次の心の状態に移行することも可能である。このとき、人は、「嘘をつかない体＝死に向かって衰弱していく体」と「嘘をつけない魂（霊性・スピリチュアリティ）＝見てみぬふりをできない自分」の間で揺れ動く「嘘をつきたがり、見えを張りたがる自分の心と行動」に気づくことだろう。

これを別の角度から言うと、「死」は「史」を深め「詩」を物語る契機となる、ということになる。人は死を目前としたとき、必ず自分の生涯を振り返り、なぜこのときを迎えるに至ったかを問いかける。私は何処から来て何処へ行くのか、と。ごまかしの効かない、その来し方・行く末を見通す作業とともに、それを確認し、反省し受容するためにも、それを物語る行為を必要とする。それが「死」が「史」となり「詩」を生み出すという事態である。最終的に、受容とは物語を作ることである。物語によって区切りをつけることである。そして、物語ることが手放すこともと解放ともなる。

この物語は嘘をも含むが、同時にその嘘を見通している自分（魂・霊性・スピリチュアリティ）もはたらいているので、自分で自分をごまかすことはできない。より素直にならざるを得ない。そのことがまた次世代への継承やリレーともなっていく。そのような物語的連環を持ち得たとき、人は人生の円環を閉じることができ、何によって生きるかの意味を確認し、納得することができるのではないだろうか。

宮沢賢治は『農民芸術概論綱要』の「農民芸術の綜合……おお朋だちよ　いっしょに正しい力を併せ　われらのすべての田園とわれらのすべての生活を一つの巨きな第四次元の芸術に創りあげようでないか……」において、次のように宣言した。

まづもろともにかがやく宇宙の微塵となりて無方の空にちらばらう
しかもわれらは各々感じ　各別各異に生きてゐる
ここは銀河の空間の太陽日本　陸中国の野原である
青い松並　萱の花　古いみちのくの断片を保て
『つめくさ灯ともす宵のひろば　たがひのラルゴをうたひかはし

雲をもどよもし夜風にわすれて　とりいれまぢかに歳よ熟れぬ』
詞は詩であり　動作は舞踊　音は天楽　四方はかがやく風景画
われらに理解ある観衆があり　われらにひとりの恋人がある
巨きな人生劇場は時間の軸を移動して　不滅の四次の芸術をなす
おお朋だちよ　君は行くべく　やがてはすべて行くであらう

死がどのような形態であり過程であろうとも、葬儀の形が火葬であろうが土葬であろうが水葬であろうが風葬であろうが、それぞれ「各別各異」の道を通り、「宇宙の微塵」となって「無方の空」に散らばっていく過程を辿る、「時間の軸」の「移動」であることに間違いはない。その「移動」の際に、「詞は詩であり　動作は舞踊　音は天楽　四方はかがやく風景画」のような詩や舞踊や音楽や絵画とともに「行く」ことができるかが、この世における「各別各異」の人生修行になる。その「各別各異」の生き方にごまかしは効かない。

人は何によって生きるか。歌（詩）によって生きる。舞踊（踊り）によって生きる。音楽とともに生きる。輝く風景のなかで生きる。目を覚ましてみれば、あらゆる事象がメッセージであり、いのちのいぶきであり、歌となる。それこそが、「生きとし生けるもの、いづれか歌をよまざりける」（『古今和歌集』仮名序）という事態なのであるが、それは「嘘をつけない魂」に近づいていく道程だと言えるだろう。

人はどこまでも「心」を「橋《ブリッジ》」として、この世とあの世を、神仏と自己を、人と人とをつなぎつつ、生きてゆくのである。

和歌《やまとうた》は、人の心を種として、万の言の葉とぞなれりける。世の中にある人、事《こと》・業《わざ》しげきものなれば、心に思ふ事を、見るもの聞くものにつけて、言ひいだせるなり。花に鳴く鶯、水に住むかはづの声を聞けば、生きとし生けるもの、いづれか歌をよまざりける。力をも入れずして天地《あまつち》を動かし、目に見えぬ鬼神をもあはれと思はせ、男女のなかをもやはらげ、猛き武士《もののふ》の心をもなぐさむるは、歌なり

（『古今和歌集』仮名序、紀貫之、延喜五年・九〇五年、佐伯梅友校注、岩波文庫、一九八一年）

【参考文献】

H・S・クシュナー『なぜ私だけが苦しむのか――現代のヨブ記』岩波現代文庫、2008年

窪寺俊之『スプリチュアルケア研究――基礎の構築から実践へ』聖学院大学出版部、2017年

戸田義雄『宗教と言語』大明堂、1975年

鎌田東二『日本人は死んだらどこへ行くのか』PHP新書、2017年

第3章

グリーフケア・サポートの実践

佐久間庸和

佐久間庸和（さくま・つねかず）

1963年福岡県北九州市生まれ。早稲田大学政治経済学部卒業後、大手広告代理店勤務を経て、大手冠婚葬祭会社サンレーの社長としてグループ拠点を忙しく飛び回るかたわら、世界でもっとも高齢化が進行する北九州市、および、もっとも高齢者の人気が高い沖縄県を「高齢者福祉特区」とし、人が老いるほど豊かになる「老福都市」とするプランを提案し続けている。

また一条真也の筆名で、多くの新聞・雑誌・ウェブでエッセイ・コラムを連載。儀式・グリーフケア関連の著書も数多く発表している。

2012年、第2回「孔子文化賞」を受賞。2014年6月、全国冠婚葬祭互助会連盟の会長に就任。同年、九州国際大学客員教授に就任。2018年4月から、上智大学グリーフケア研究所客員教授を務めている。

はじめに

グリーフケアとの出合い

筆者は冠婚葬祭互助会を生業にしている。長年にわたって多くの葬儀をお手伝いしてきたが、愛する人を亡くしたばかりの方々に接する仕事は、けっしてビジネスライクな感情だけで済まされるものではなく、いつも魂を揺さぶられる思いを味わう。なぜなら、死による別れは誰にとっても一生に一度のつらい経験だからである。その直後のご遺族をサポートさせていただくなかで、筆者は数多くの悲嘆を目にしてきた。

食事も喉を通らず、まどろむことさえできず、日夜ひたすら亡くなった方のことばかり考え、葬儀が終わるまでご遺体のそばから離れようとしないご遺族、涙が枯れ、喉が嗄れてもなお、体の奥からわき上がる嗚咽を止められないご遺族――目の前にそのような方たちがいれば、なんとか支えたい、励ましてさしあげたいと願うのは、人間にとってとても自然な感情であることを筆者はつねづね実感している。

悲嘆のなかにいるご遺族に、何かしら心のケアをできないだろうか――そう考えていたところ、二〇世紀が終わる頃に「グリーフケア」という言葉に出合った。愛する人を亡くした悲しみ（グリーフ）をケアする、これこそが自分たちにできる最高のサービスかもしれない、と直感したのである。しかしながら、冠婚葬祭互助会や葬儀社に代表される葬祭業によるグリーフケアの活動に対しては、営利目的の営業活動としてとらえられるおそれがあるのも事実である。

そこで本章では、葬祭業としてグリーフケアのサポート活動に取り組むことの難しさと、わたしたちが現在実践している試みについて取り上げてみたい。

論を進めるにあたり、「死」についての筆者の見解を明確にしておこう。

筆者は、若い頃からずっと「死」について考えてきた。このように書くと、なんだか陰気な死神のような人間だと思われるかもしれない。

もちろん、「死」よりも関心のあるテーマはあった。それは、「幸福」である。物心ついたときから、筆者は人間の「幸福」というものに強い関心を抱いていた。学生のときには、いわゆる幸福論のたぐいを読み漁った。それこそ、本のタイトルや内容に少しでも「幸福」の文字を見つければ、どんな本でもむさぼるように読んできた。

そして、筆者は、こう考えた。

政治、経済、法律、道徳、哲学、芸術、宗教、教育、医学、自然科学……人類が生み、育んできた営みはたくさんある。では、そういった偉大な営みが何のために存在するのかというと、その目的は「人間を幸福にするため」という一点に集約される。さらには、その人間の幸福について考えて、考えて、考え抜いた結果、その根底には「死」というものが厳然として在ることを思い知ったのである。

筆者には、常々気になっていることがある。日本では、人が亡くなったときに「不幸があった」と人々が言う。けれど、わたしたちは、みな、必ず死ぬ。死なない人間はいない。いわば、わたしたちは「死」を必然の未来として生きているわけである。その未来が「不幸」であるとすれば、人生とは、必ず敗北が待っている負け戦ということになってしまう。

わたしたちの人生は、最初から負けと決まった虚しいものなのだろうか。たとえどんなに素晴らしく高潔に生きたとしても、どんなに幸福感に満たされながら生きたとしても、最後には不幸になると決まっているのだろうか。亡くなった人は「負け組」で、生き残った人たちは「勝ち組」なのだろうか。

そんな馬鹿な話はないと思う。筆者は、「死」を「不幸」とは絶対に呼びたくない。なぜなら、そう呼んだ瞬間、自分が将来必ず不幸になることが決定してしまうからである。

死は決して不幸な出来事ではない。愛する人が亡くなったことにも意味があり、残されたことにも意味がある。こうした筆者の死のとらえ方は、筆者のグリーフケアにおける基本的な考え方につながるものである。

悲嘆の原因とプロセス

「グリーフケア」とは一般に「悲嘆からの回復」という意味で使われる。「悲嘆」といっても、さまざまな種類がある。上智大学グリーフケア研究所の特任前所長である髙木慶子氏は、著書『悲しんでいい』で「悲嘆を引き起こす七つの原因」というものを紹介している。それは、次のようなものである。

1　愛する人の喪失――死、離別（失恋、裏切り、失踪）
2　所有物の喪失――財産、仕事、職場、ペットなど
3　環境の喪失――転居、転勤、転校、地域社会
4　役割の喪失――地位、役割（子供の自立、夫の退職、家族のなかでの役割）
5　自尊心の喪失――名誉、名声、プライバシーが傷つくこと
6　身体的喪失――病気による衰弱、老化現象、子宮・卵巣・乳房・頭髪などの喪失
7　社会生活における安全・安心の喪失

わたしたちの人生とは喪失の連続であり、それによって多くの悲嘆が生まれている。それに従えば、東日本大震災の被災者の人々は、多くのものを喪失した、いわば多重喪失者である。家を失い、さまざまな財産を失い、仕事を失い、家族や友人を失ってしまった。しかし、数ある悲嘆のなかでも、愛する人の喪失による悲嘆の大きさは計り知れないといえるだろう。グリーフケアとは、この大きな悲しみを少しでも小さくするためにある。

わたしたちの人生とは、ある意味で「出会い」と「別れ」の連続であり、別れに伴う「悲しみ」も影のように人生についてまわる。

愛する人を亡くすか、あるいは、それを予期しなければならない立場に立たされた人は、必ずといっていいほど、「悲嘆のプロセス」と呼ばれる一連の心の働きを経験させられる。

死にゆく人の家族は、愛する人の死を予期したときから、「準備的悲嘆」と呼ばれる一連の悲しみを経験する。そして、実際に死別に直面したのち、さらにいくつかの段階を経て、その衝撃から立ち直ってゆくのである。

死生学の第一人者として知られる上智大学名誉教授で哲学者のアルフォンス・デーケン氏は、「悲嘆教育」と訳されるグリーフ・エデュケーションを提唱している。

愛する人を亡くしたとき、どういう状態に陥ることが多いのか、どんな段階を経て立ち直ってゆくのか、悲嘆のプロセスを十分に昇華できなかった場合はどんな状態に陥る危険性があるのかなど、人間として誰もが味わう死別の悲しみについて学ぶのがグリーフ・エデュケーションである。

悲嘆のプロセスの途中で、それとは気づかずに健康を損なう人がいかに多いかを考えると、これは予防医学としても大切な課題であると、デーケン氏は述べている。

古来、愛する人を亡くした悲しみが、「ブロークン・ハート」と呼ばれる失意の死をもたらすことはよく知られている。現代でも、悲しみのプロセスをうまく乗り切れなかったために、がん、脳卒中、心臓病などを発病したケースは決して少なくない。

ブロークン・ハートは「胸がはりさける」悲しみである。この悲しみが、残された人々の生命力を低下させ、死に至る重い病気を引き起こす力を持っている。ブロークン・ハートに陥らないためにも、悲嘆のプロセスについて正しく知る必要がある。

デーケン氏は、欧米や日本で、たくさんの末期患者とその家族、また患者が亡くなったあとの遺族たちのカウンセリングに携わってきた。一人ひとりの人生がそれぞれかけがえのないものであるように、愛する人を亡くすという体験とそれに伴う悲しみのプロセスも、人それぞれである。

しかし、デーケン氏によれば、風土、習慣、言語は違っていても、みな同じ人間である以上、そこにはある程度まで共通するパターンが見られるという。以下、デーケン氏による「悲嘆のプロセス」の一二段階の要点を紹介する（『死とどう向き合うか』ＮＨＫライブラリー、一九九六年）。

1　精神的打撃と麻痺状態

愛する人を亡くすと、その衝撃によって一時的に現実感覚が麻痺する。頭のなかが真空になったようで、何もわからなくなってしまう。心身のショックを少しでもやわらげようとする。心理学でいう防衛機制である。

2　否認

感情だけでなく、理性も愛する人の死という事実を認めない。あの人が死ぬはずはない、きっとどこかで生きている、必ず元気になって帰ってくる、などと思い込む。

3　パニック

身近な人の死に直面した恐怖から、極度のパニック状態になる。悲しみのプロセスの初期にしばしば見られる現象である。

4　怒りと不当感

ショックがやや収まると、悲しみと同時に、自分は不当な苦しみを負わされたという激しい怒りが湧き起こる。がんのように、かなり長期間の看病が必要な場合には、怒りはやや弱められ、穏やかに経過することが多いようである。ある程度、心の準備ができるのであろう。反対に強い怒りが爆発的に現れるのが、心臓発作などの急病や、災害、事故、暴力、自殺などによる突然の死の後である。

5　敵意とルサンチマン（うらみ）

残された人々は、亡くなった人や周囲の人に対して、敵意やうらみの感情をぶつける。もっともその対象になるのは、最期まで故人のそばにいた医療関係者である。次に、死別の直後に対面する葬儀業者にぶつけることが多い。日常的に死を扱う側と、かけがえのない肉親の死に動転している遺族側との感情が行き違うことが原因と思われる。自分を残して亡くなった死者を責める場合も少なくない。

6　罪意識

過去の行いを悔やんで、自分を責める。

「あの人が生きているうちに、もっとこうしてあげればよかった」「あのとき、あんなことをしなければ、まだまだ元気でいたかもしれない」などと考えて、後悔の念にさいなまれる。代表的な悲嘆の反応である。

7　空想形成、幻想

空想のなかで、亡くなった人がまだ生きているかのように思い込む。また、故人の食事の支度や着替えの準備など、実生活でも空想を信じて行動する。

8　孤独感と抑うつ

葬儀などの慌ただしさが一段落すると、訪れる人も途絶えがちになる。ひとりぼっちになった寂しさが、ひしひしと身に迫ってくる。だんだん人間嫌いになったり、気分が沈んで自分の部屋に引きこもることが増える人もいる。誘われても、外出する気になれない。

9　精神的混乱とアパシー（無関心）

愛する人を亡くし、日々の生活目標を見失った空虚さから、どうしていいかわからなくなる。まったくやる気をなくした状態に陥り、仕事や家事も手につかない。

10　あきらめ――受容

日本語の「あきらめる」には、「明らかにする」という意味がある。愛する人はもうこの世にはいないという現実を「明らか」に見つめて、それを受け入れようとする努力が始まる。受容とは、ただ運命に押し流されることではない。事実を積極的に受け入れていく行為なのである。

11　新しい希望――ユーモアと笑いの再発見

死別の悲しみのなかにあるとき、誰でもこの暗黒の時間が永遠に続くように思う。しかし、いつかは必ず希望の光が射し込んでくる。それは、忘れていた微笑が戻り、ユーモアのセンスがよみがえることから始まる。ユーモアと笑いは健康的な生活に欠かせないものであり、次の新しい一歩を踏みだそうとする希望の生まれたしるしでもある。

12　立ち直りの段階――新しいアイデンティティの誕生

悲嘆のプロセスを乗り越えるというのは、愛する人を亡くす以前の自分に戻ることではない。

深い悲しみにもだえた人は、苦しい経験を通じて、新しいアイデンティティを獲得したのである。つまり、以前よりも成熟した人格へと成長しているといえる。

以上が、デーケン氏の唱える「悲嘆のプロセス」である。大きな人間愛に支えられた、すばらしい考え方であり、深く共感する。「悲嘆のプロセス」については、前提としてキューブラー＝ロスの「死の受容のプロセス」があり、その影響のもとに考察されたものである。これについては第2章で鎌田東二氏もふれておられる。相違点はキューブラー＝ロスは本人が自分の死を受け入れる段階について述べている点といえよう。

ただし、デーケン氏自身も述べているのだが、悲嘆の感情の変化はこのプロセス通りに推移するわけではない。それでも悲しみというものを処理していく上で大いに参考になる考え方だと言える。

ケース1

ケアとしての葬儀の取り組み

悲嘆の感情を考えるとき、まず葬儀という別れの儀式での対応がある。その最前線とでもいうべき場に立ち会うのが、葬儀のお手伝いをする人間である。具体的には冠婚葬祭互助会や葬儀社のスタッフがこれに該当する。

通夜や告別式で、悲しんでおられるお客様（遺族）に対し、いかに言葉をかければよいのか。ただし、それはマニュアル化できるようなものではない。かける言葉そのものではなく、悲しみに寄り添う気持ちが重要だからである。ただ黙って傍らにいてさしあげるだけのほうがいいこともある。共感してしまい、思わず一緒に泣いてしまうこともあれば、目が合ったときにそっと微笑み返すだけで気持ちが通じ合うこともある。いずれにせよ、互助会や葬儀会社の社員が自分の考えを押し付けたり、相手がそっとしておいてほしいときに強引に言葉をかけたりするのは慎むべきである。

そこでここでは、グリーフケア・エデュケーションの一環として、弊社での取り組みの一部をご紹介したい。

葬儀に際し、遺族の方々と接点をもつ他人、それが葬儀を運営するスタッフである。そこでの「声かけ」は大変重要になってくる。悲しみのなかにいる遺族に対して、葬儀という儀式を行うためのさまざまな判断をお願いし、さらには葬儀費用という実務的な伝達をしなければいけないからだ。

そのような専門性が求められる職種であることが認められ、「葬祭ディレクター」という厚生労働省が認定する資格制度が一九九六（平成八）年に発足した。技能審査制度に合格することで認定されるこの資格は、葬祭業界で働く人にとって必要な知識や技能のレベルを審査し、より一層の知識・技能の向上を図ることと併せて、葬祭業に携わる人々の社会的地位の向上を図ることを目的としている。葬祭の相談から会場設営、そして式典の運営などに関する詳細な知識と技能を測る資格で、葬祭ディレクター技能審査協会が年に一回、技能審査を実施している。

資格には一級と二級があり、一級はすべての葬儀における相談から会場設営、式典運営に至るまでの詳細な知識と技能が問われる。二級は個人葬における相談から会場設営、式典運営に至るまでの一般的な知識と技能が試験範囲といった具合に区別されている。

一級の合格率は平均すると五〇％程度と言われているが、この試験を受けるには実務経験が必要である。二級は実務経験二年以上、一級は実務経験五年以上という条件がある。在学中のアルバイトなどは経験年数としては認められないなど、受験資格にはきちんとした実務経験が求められることもあり、かなりの難関資格であると言えよう。ちなみに、幣社では二四三人の一級葬祭

ディレクターが現場で働いている。（二〇一八年一一月現在）

試験は学科試験と実技試験があり、理論から実践までを幅広くカバーする内容となっている。専門知識はもとより、遺族心理、宗教等の知識まで必要とされる。遺族などから多方面の質問に応答できるかを問う実技筆記、葬儀の司会能力、マナーなどのテストもあり、マニュアルだけでは対応できない高度な内容である。当然、悲嘆のなかにいる遺族への配慮も欠かせない要素となってくる。

弊社ではこうした葬祭ディレクター制度に積極的に取り組むことはもちろん、さらにケアという部分での独自の社員研修などを行っている。とくに、遺族の方へいかに声をかけるか、ケアという視点に配慮している。その一部を紹介しよう。

【遺族への声かけ】

1　事前に対話の糸口を用意する（故人の思い出、故人の人柄や長所）。
2　「貴方のことが気にかかっていましたが、いかがですか」と尋ねてみる。
3　「お辛いでしょうね」などと押し付けるような質問や言い方をせずに聞く。
4　「○○さんのことをお話になりたいですか？」「聞かせてもらってもいいですか？」と聞く。
5　遺族はつじつまの合わない話、前回と違った話をすることがあるが、気にせず聞き流す。

6　ぼんやりして、注意力が散漫になっていることがあるため、思わぬ事故にあわないよう、声をかける。

7　控えめに自分も同じ経験をしたことを話す。自分の適応方法などは押し付けない。

ただ、こうした配慮はあくまでも基本である。葬儀スタッフの場合、それぞれのケースに対応していく能力が求められるのは言うまでもない。経験に加え、総合的な「人間力」とでもいうべき資質が大きく問われている。

葬儀をあげる意味

ここで葬儀をあげる意味を今一度考えてみたい。葬儀という文化装置がいかにグリーフケアという側面から構築されてきたかを知ることができるからだ。

当然のことながら古今東西、人間は死に続けてきた。死別は人を不安に陥れる。しかし、そこに儀式というしっかりした「かたち」のあるものが押し当てられると、不安が癒されていく。

親しい人間が死去する。その人が消えていくことにより、愛する人を失った遺族の心は不安定に揺れ動く。残された人は、大きな不安を抱えて数日間を過ごさなければならない。この不安や執着は、残された人の精神を壊しかねない、非常に危険な力を持っている。つねに不安定に「こころ」と動くことから「こころ」という語が生まれたという説もあるようだが、「こころ」が動揺していて矛盾を抱えているとき、この「こころ」に儀式のようなきちんとまとまった「かたち」を与えないと、人間の心にはいつまでたっても不安や執着が残る。

この危険な時期を乗り越えるために、動揺して不安を抱え込んでいる「こころ」に、あらかじめ定まった「かたち」を与えるのだ。この「かたち」こそが葬儀という儀式なのである。荘厳な雰囲気のなかで、死者がこの世から離れていくことを明確な「ドラマ」として演出して見せることによって、参列者の動揺している「こころ」が安定するのである。ここにこそ、葬儀をあげる最大の意味がある。

ドラマによって「かたち」が与えられると、「こころ」はその「かたち」に収まっていき、悲しいことでも乗り越えていける。つまり、当てはめるべき「物語」があれば、人間の「こころ」はそこに収束していき、安定するのである。逆に、どんな物語にも収まらないような不安を抱えていると、「こころ」はいつまでもグラグラ揺れ動いて、愛する肉親の死を引きずっていかなければならない。つまり、葬儀の重要なポイントとは、死者が遠くへ離れていくことをいかにドラマ化し、納得できる物語として演出するかという点にある。

もう一つ、葬儀には、いったん儀式の力で時間と空間を断ち切ってリセットし、そこから新たに時間と空間を創造して生きていくという意味づけもできる。もし、愛する人を亡くした人が葬儀をしなかったらどうなるか。そのまま何食わぬ顔で次の日から生活しようとしても、喪失で歪んでしまった時間と空間を再創造することができず、「こころ」が悲鳴を上げてしまうのではないだろうか。

さらに、年忌などの一連の法要も同様の文化装置である。故人を偲び、冥福を祈るとともに、故人に対して、「あなたは亡くなったのですよ」と現状を伝達することで現実を受け入れ、定期的に儀式を主宰することで遺族の心にぽっかりと空いた穴を埋める役割もある。近年はこうした儀式を形式的だと軽んじる傾向もあるが、動揺や不安を抱え込んでいる「こころ」には「かたち」を与えることが大事なのである。儀式は、定型であり、伝統であるからこそ、人を再生する力がある。

さらに細かくみていくと、葬儀には、主に五つの役割があるとされている。それは、①社会への対応、②遺体への対応、③霊魂への対応、④悲しみへの対応、⑤さまざまな感情への対応である。

①については、人は社会のなかで生きており、会社や友人などいろいろな関係性や縁をもっている。葬儀には、社会に対してきちんとその死を示し、社会はその死について対応するという役割がある。

②については、人が亡くなると、物理的にその遺体への対応を行わなければならない。故人の尊厳を守り、遺体を火葬や埋葬するための過程の行動としての役割がある。

③については、人は死によってその存在がなくなるのではなく、実在した「この世」から霊魂となって「あの世」に行くという、遺された人との間に新たな関係性を作り出す宗教的儀式としての役割がある。

④については、最愛の人の死は深い悲しみをもたらし、人によっては受け入れるのに長い時間を要する場合もある。ほとんどの宗教において、葬儀は人の心に沿って段階的（枕経から葬儀、初七日から四十九日に至る法要など）に行われ、人が受け入れやすいように長い年月をかけ形作られている。また葬儀には、悲しみを避けることなく悲しみに正面から向かい、しっかり悲しむ時間を創出する役割もある。

⑤については、死別によって生じる「悲しみ」以外の対応である。人間が死に接して抱く感情は悲しみだけではなく、例えば「怒り」や「恐れ」などの感情が惹起されることがある。デーケン氏の悲嘆のプロセスからもわかるとおり、それらは決して特別なことではない。

さまざまな感情には「怒り」や「恐れ」などがある。具体的には、「どうして自分を残して死んでしまったのだ」という怒り、あるいは葬儀をきちんと行わないと「死者から祟られるのではないか」という恐れなどである。

しかし、残された人々のほとんどが抱く感情とは「怒り」でも「恐れ」でもなく、やはり「悲しみ」であろう。ここでは、「悲しみへの対応」としての葬儀について考えたい。

「悲しみへの対応」とは、遺族に代表される生者のためのものだといえる。遺された人々の深い悲しみや愛惜の念を、どのように癒していくかという対応方法のことである。

通夜、葬儀、告別式、その後の法要などの一連の行事が、遺族に「あきらめ」と「決別」をもたらしてくれる。葬儀とは物語の力によって、遺された人々の悲しみを癒す文化装置である。例えば、日本の葬儀の九割以上を占める仏式葬儀は、「成仏」という物語に支えられてきた。葬儀の癒しとは、物語の癒しなのである。

歴史的にみても、人の死は「葬儀」をきちんと行わないと「死者から祟られるのではないか」という恐怖心や、「どうして自分を残して死んでしまったのだ」といったような、故人に対しての憎悪や嫌悪感なども生み出してきた。葬儀は、このようなさまざまな感情を、きちんと弔うことで和らげる役割も有しているのである。

筆者は、「葬儀というものを人類が発明しなかったら、おそらく人類は発狂して、とうの昔に絶滅していただろう」と、ことあるごとに言っている。

ある人の愛する人が亡くなるということは、その人の住む世界の一部が欠けるということにほかならない。欠けたままの不完全な世界に住み続けることは、必ず精神の崩壊を招く。不完全な世界に身を置くことは、人間の心身に筆舌に尽くしがたいストレスを与えるわけである。まさに、葬儀とは儀式によって悲しみの時間を一時的に分断し、物語の癒しによって、不完全な世界を完全な状態に戻す営みにほかならない。葬儀によって「こころ」に「けじめ」をつけるとは、壊れた世界を修繕するということである。だから、筆者は、幣社の葬祭スタッフにいつも、「あなたたちは、こころの大工さんですよ」と言っている。

また、葬儀は接着剤の役目も果たす。愛する人を亡くした直後、遺された人々の悲しみに満ちた「こころ」は、バラバラになりかける。それを一つにつなぎとめ、結び合わせる力が葬儀にはあるのだ。

多くの人は、愛する人を亡くした悲しみのあまり、自分の「こころ」のうちに引きこもろうとする。誰にも会いたくない。何もしたくないし、一言もしゃべりたくない。ただ、ひたすら泣いていたいのである。しかし、そのまま数日が経過すれば、いったいどうなるだろうか。遺された人は、本当に人前に出られなくなってしまう。誰とも会えなくなってしまうのではないだろうか。

葬儀は、いかに悲しみのどん底にあろうとも、その人を人前に連れ出す。引きこもろうとする強い力を、さらに強い力で引っ張り出すのである。葬儀の席では、参列者に挨拶をしたり、お礼の言葉を述べなければならない。それが遺された人を「この世」に引き戻す大きな力となっているのである。

ケース2

ケアとしての遺族会の役割

悲嘆というのは、「時が解決してくれる」とは限らない。多くの場合、悲しみは月日とともに遺族の心を支配するケースも少なくない。とくに配偶者を亡くした高齢者などは、悲しみに加え、寂しさ（孤独）という現実に向き合うことも少なくない。孤立しないためのケアが求められる。

そこで、幣社が取り組んでいるグリーフケア・サポートの実例を紹介したい。遺族の方々に対していかに寄り添うかをテーマにしている。

二〇一〇年六月、筆者が経営する会社では、長年の念願であったグリーフケア・サポートのための会員制組織をスタートさせた。「月あかりの会」と命名したその会は、幣社で葬儀を行った遺族を対象とした遺族会という位置付けで発足した。

具体的には「月あかりの会」は、北九州市八幡西区にあるサンレーグランドホテル内にオープンした「ムーンギャラリー八幡店」、同年一〇月に北九州市小倉北区のセレモニーホール「小倉紫雲閣」の横にオープンした「ムーンギャラリー小倉店」を拠点としている。

これは大阪を本社とする大手葬儀社の公益社が二〇〇三年一二月に発足させた「陽だまりの会」を参考として作られた会である。「陽だまりの会」においても「月あかりの会」においても、共通しているのは、遺族のグリーフケア・サポートを目的とする組織であることだ。加えて、「月あかりの会」に関しては、北九州市という全国の政令指定都市でもっとも高齢化率の高い地域においての地域住民の孤立化の防止、ひいては孤独化の防止も含んだ活動も目的としている。

「月あかりの会」という名前だが、もともと、幣社では「月の法宴」という集いを毎月開催していた。筆者は、二〇一〇年六月の「月の法宴」での主催者挨拶で、「月あかりの会」を発足させていただくことを宣言し、「月あかり」という名前をつけた理由についても語った。

夜空に浮かぶ月を見ていると、筆者は亡くなった人々のなつかしい面影が心に浮かんでくる。世界各地の古代人たちは、死者の魂は月に行くものだと信じていたという。規則的に満ち欠けを繰り返す月は、人間の「死と再生」のシンボルだったのである。

〝釈尊〟ことブッダは、満月の夜に生まれ、悟りを開き、亡くなったとされている。月あかり、すなわち月光とは「慈悲」そのものであるという気がしてならない。

そのブッダは、「生老病死」を四つの苦悩とした。筆者は、人間にはもう一つ大きな苦悩があると思っている。それは、愛する人を亡くすことである。

老病死の苦悩は自分自身の問題だが、愛する者を失うことはそれらに勝る大きな苦しみではないだろうか。配偶者を亡くした人は、立ち直るのに三年はかかるといわれている。幼い子供を亡くした人は一〇年かかるとされている。こんな苦しみが、この世に他にあるだろうか。

一般に「生老病死」のうち、「生」はもはや苦悩ではないと思われている。しかし、ブッダが本当に「生」の苦悩としたかったのは、誕生という「生まれること」ではなくて、愛する人を亡くして「生き残ること」ではなかったかと、筆者は思うのである。

それでは、ブッダが苦悩と認定したものを、おまえごときが癒せるはずなどないではないかという声が聞こえてきそうである。たしかに、そうかもしれない。しかし、日々、涙を流して悲しむ方々を見るうちに、筆者は「なんとか、この方たちの悲しみを少しでも軽くすることはできないか」と思ったのである。

愛する人を亡くした人は、大きな悲しみのなかにある。わたしたちの人生とは、ある意味で「出会い」と「別れ」の連続であり、別れにともなう「悲しみ」も影のように人生についてまわる。悲しみの極限で苦しむ方の心が少しでも軽くなるようお手伝いをすることが、幣社の使命ではないかと、筆者は思うようになったのである。

いささか細かい話になるが、月あかりの会の具体的な活動を紹介しよう。

「月あかりの会」の会員の構成として、幣社で葬儀を行われた方の遺族に対し会の趣旨と活動を説明し、賛同いただいた方に加入していただいている。

二〇一八年一〇月現在、「月あかりの会」の現会員としては一二一二人となり、また、これまでの会員数は延べ一万三五一一人となる。現会員と延べ会員数の違いは会員としてさまざまなイベントや催しなどの案内を行っているが、後述する理由により、加入より二年間経過後にいったん登録から消去しているためである。

「月あかりの会」では、「癒し」「集い」「学び」「遊び」の四つの基本コンセプトによって、さまざまな活動が行われている。以下、それらを簡単に紹介する。

- **癒し**……深い悲しみにある人が、前向きに生きていくことができるように、安心感を与え、癒しに役立つものを紹介し、さまざまなサポートを行う（手元供養、グリーフケア読書会など）。
- **集い**……会食や慰霊祭、月例会を開催し、同じような境遇の人々が集える場を提供する（「故人は自分と人々のなかにいること」を確信する機会の提供、定期イベントの開催など）。
- **学び**……セミナーやカルチャー教室などを開催し、次の目標を見つけてもらうなど、学びあえる機会を提供する（共通の趣味の方とともに学び、友人やパートナーなどの新たな良い人間関係づくりのお手伝い。新たな趣味の発見のお手伝いをする）。
- **遊び**……定期的に旅行を開催し、参加者が和やかに楽しむことのできる機会を提供する（「縁」を結ぶ機会を提供）。

また各地のセレモニーホール（葬祭会館）では、遺族を招いて慰霊祭を行っている。地区ごとに年間で計一六回行い、うち八回は一周忌を迎えたご遺族、残りの八回は三回忌を迎えられたご遺族をご招待し、故人を偲んでいただく場を提供するために行っている。

内容としては、無宗教形式による献灯式・当日出席いただいた関係の故人様の名前と命日の読み上げ・「禮鐘《れいしょう》の儀」による黙禱・追悼の言葉などを行い、音楽で心を癒していただくようにミニコンサートなどを行っている。その後、全員参加で食事会を開いている。三回忌の慰霊祭が終わった時点で一区切りつける形で、会員登録を抹消しているが、再度会員に登録する人も多い。

「月あかりの会」の他の活動としては、以下のようなものがある。

• 年二回の会報誌の発行
• 三カ月に一回、バスハイクの開催（参加者は二〇〜四〇名ほど）
• 毎週、水曜日に自助グループとして「うさぎの会」の開催（毎回二〇〜三〇名ほど）
• 毎年四月、沖縄にて「合同慰霊祭」と「海洋散骨」を開催
• 毎年一〇月、観月会とレーザー光線を月に飛ばす慰霊祭である「月への送魂」に参加
• 手元供養品などの展示会の開催

このような活動は、「愛する人を喪失した対処から、愛する人のいない生活への適応のサポート」を行うことを目的として開催している。活動に参加していただくことで、「人生の目標を見出せる、

喜びや満足感を見出せる」「自分自身をケアすることをすすめる、他者との関わりや交わりをすすめ、自律感の回復を促す」ことを伝える目的がある。

「うさぎの会」という自助グループ

「月あかりの会」のなかから生まれてきたものとして、遺族を中心とした自助グループとしての活動である「うさぎの会」がある。

「うさぎの会」を発足させたのは、グリーフケアにおいては、同じ経験を共有することが大きな力になるからだ。

メンバーの中心は大切な方々を亡くされた方の集まりで、毎週水曜日一〇時から「うさぎの会」と銘打ってムーンギャラリーで活動を行っている。

配偶者を亡くされた方、お子さんを亡くされた方、親御さんを亡くされた方など大切な方を亡くされた同じ経験を持った方々と、その経験をともに語らいながら時間を過ごしていただき、少しでも心の拠り所の場所として利用していただければという思いから集いの場所を提供させていただいている。

自助グループとしての活動のため、基本的には自主的にどのようなことを行うかは「うさぎのすると共に、仲間同士でコミュニケーションをとりやすくするため、「うさぎの会」のなかで班長を決め、班長を中心に話し合って決めている。その活動を外部からサポートするために、幣社のスタッフが専属で担当している。

「うさぎの会」メンバーの年代は五〇代から八〇代までさまざまであるが、平均年齢は七七歳で、男女比は2：8となっている。

フラワーアレンジメント、ウォーキング、囲碁、将棋、手芸、写経、絵手紙、折り紙などの文化活動、さらには雑談などのなかで、徐々に他人と交わることで大切な方を亡くされた悲嘆の状態から回復し、また自発的に新しく入ってきたメンバーへのアドバイスや声かけなどを行えるようになり、活動や会食などの交流のなかで新たな目標や喜び・満足感を見出し、今後の人生を充実したものにしてゆくお手伝いをさせていただいている。

また、「月あかりの会」や「うさぎの会」の活動の舞台となっている「ムーンギャラリー」では、手元供養品（カロートペンダント・ミニ骨壺）、線香やロウソク、お供え物の展示・販売のほか、「グリーフケア・ブック」として、グリーフケアに関連する絵本や書籍を展示・販売している。さらに、海洋散骨や樹木葬の受付窓口としても活動をしている。

「月あかりの会」「うさぎの会」の活動や「ムーンギャラリー」の設置は、幣社にとっても、これまでの葬儀サービスを提供して終わりということだけでなく、今後のグリーフケア・サポートの重要性を増す大切な企業活動となっている。

愛する方を亡くされた方がグリーフから立ち直るきっかけとして、さまざまな活動に参加してもらうこと、またそのなかで悲嘆から立ち直るきっかけをつかんでいただけるように、そして「愛する人を喪失した対処から、愛する人のいない生活への適応」ができるように、亡くした方を忘れるのではなく、亡くしたことを事実として受け入れ、そのなかから新しい生きがいを見つけていけるお手伝いをすることである。

ここで、「月あかりの会」のスタッフの心得として、死別した人への禁句といったものを紹介してみよう。

【遺族への禁句】

①励ましや激励……頑張って、もう少しの辛抱、早く元気になってください。
②悲しみ比べ……貴方はまだいいほうですよ、もっと辛い人がいます。
③自身や他人の体験談……○○さんは○○を始めてから元気になりました。
④気休めの同意……お気持ちはよくわかります、時間がたてばよくなります。
⑤回復の早さを褒める……あなたは強いですね、元気そうで安心しました。
⑥性急に前進することを勧める……まだ若いんですから、忘れるのが一番です。
⑦なかなか立ち直れないことを指摘する……もう一年たったんだから、元気を出してください。

⑧実生活で大きな決断を迫る……納骨や遺品の整理をなさってはいかがですか。
⑨自分の気持ちを優先する……私まで辛くなるから泣かないでください。
⑩死の意味を自分勝手に押し付ける……神様が決めたことです、成仏しました。
⑪自分の考える喪の行事や方法を押し付ける。
……法事はこうしなければいけません、○○家の作法は～。

どれもが遺族を思って、ついかけてしまう言葉ばかりである。ただ、大切な人、愛する人を亡くした方は、葬儀直後よりも、その悲しみが大きくなっていることが多い。そして、それは、いわば当たり前ともいうべき現実である。グリーフのケアという現場では、その事実に気づかないことも多々あるわけで、決して時間が解決するものではないことを改めてケアに携わる人間は肝に銘じておくことが重要である。

グリーフケア・サポートの目指すもの

筆者は「死は最大の平等である」という言葉をよく口にする。
これはわが信条であり、幣社のスローガンでもある。

箴言で知られたラ・ロシュフーコーが「太陽と死は直視することができない」と語ったが、太陽と死には「不可視性」という共通点がある。筆者は、それに加えて「平等性」という共通点があると考えている。

太陽はあらゆる地上の存在に対して平等である。太陽光線は美人の顔にも降り注げば、汚物をも照らす。幣社の社名は「サンレー」だが、万人に対して平等に冠婚葬祭を提供したいという願いを込めて、「太陽光線（ＳＵＮＲＡＹ）」という意味を持つ。

「死」も平等である。ただ「生」は平等ではない。生まれつき健康な人、ハンディキャップを持つ人、裕福な人、貧しい人……「生」は差別に満ち満ちている。しかし、王様でも富豪でも庶民でもホームレスでも、「死」だけは平等に訪れるのである。

しかし、「死」そのものは平等であっても、「死に方」は平等ではない。言うまでもなく、人の死は「病死」や老衰による「衰弱死」だけではない。世の中には、戦死、殺人、事故死、自死、孤独死……さまざまな望まれざる死に方がある。

筆者は政治家ではないから戦死をなくすことはできない。また、警察関係者ではないから殺人や事故死を減らすこともできない。しかしながら、自らが経営する互助会という相互扶助の組織を活用すれば、自死と孤独死を減らすことはできると考えている。

ケース3

ケアとしての「笑い」

弊社では、グリーフケアの手段として「笑い」を取り入れている。

デーケン氏の唱える「悲嘆のプロセス」の11でも笑いの重要性が語られている。

弊社のグリーフケア・サポートおよび隣人交流サポートでは、毎月、漫談家を招いて「笑いの会」を開き、半年に一度は落語家を招いて大規模なイベントを開催している。笑顔こそは、自死や孤独死を防ぐ最大の力を持つと考えているからである。

笑顔は、いわゆる接客サービス業においてだけでなく、ありとあらゆるすべての人間関係において好影響を与える。国籍も民族も超えた、まさに世界共通語、それが笑顔である。また、性別や年齢や職業など、人間を区別するすべてのものを超越する。

笑顔など見せる気にならないときでも、無理にでも笑ってみせることが重要である。アメリカの心理学者ウイリアム・ジェイムズによれば、動作は感情に従って起こるように見えるが、実際は、動作と感情は並行するものであるという。だから、快活さを失った場合には、いかにも快活そうに振る舞うことが、それを取り戻す最高の方法なのである。不愉快なときにこそ、愉快そうに笑ってみるといい。

「笑う門には福来たる」という言葉があるように、「笑い」は「幸福」に通じる。笑いとは一種の気の転換技術であり、笑うことによって陰気を陽気に、弱気を強気に、そして絶望を希望に変えることができる。

他人の笑いからもプラスの気を与えられる。とくに元気な子供の笑い声など、人間の精神の糧になるだけでなく、肉体にも滋養になるとされている。一説によれば「童《わらべ》」の「わら」と「笑い」の「わら」とは通じているという。笑うとは、子供のように純粋で素直な心に戻る行為であるといえる。

さらに言えば、「笑い」とは、この世に心の理想郷をつくる仕掛けであると筆者は思う。地上を喜びの笑いに満たすことが政治や経済や宗教の究極の理想ではないだろうか。

「笑い」のない生命には、活気も飛躍も創造もない。「笑い」のない宗教や哲学もどこかいびつで、かたよっているということである。実際、ソクラテスはよく笑ったというし、老子もよく笑った。如来もそうだし、ブッダもしかりである。

弊社の経営理念の一つに「スマイル・トゥー・マンカインド」がある。「すべての人に笑顔を」ということであり、これは弊社のミッションである「人間尊重」そのものであると言える。

これを経営理念として取り入れたとき、営業や冠婚部門に笑顔が必要なのは当然だが、葬祭部門には関係ないのではと思った社員がいたようである。

しかし、それは誤った認識である。仏像は、みな穏やかに微笑んでいる。これは優しい穏やかな微笑みが、人間の苦悩や悲しみを癒す力を持っていることを表している。葬儀だからといって、暗いしかめ面をする必要などまったくない。

幣社が運営するセレモニーホールの「お客様アンケート」を読むと、「担当の方の笑顔に癒されました」とか、「担当者のスマイルに救われた」などの感想が非常に多い。もちろん、葬儀の場で大声で笑ったり、ニタニタすることは非常識だが、穏やかな微笑は必要ではないだろうか。

愛する人を亡くした人の顔に再び笑顔が戻ること。それが、筆者にとって何よりの願いであり、そのためのさまざまなグリーフケア・サポートの実践をこれからも続けたい。

ケース4　ケアとしての「読書」

グリーフケアの目的として、一般的には「死別の悲嘆の回復」が挙げられるが、それに加えて、「自らの死の不安を軽減する」こともあるとされている。そこで、重要となるのが知識としての読書や模擬体験としての映画鑑賞である。

長い人類の歴史のなかで、死ななかった人間はいないし、愛する人を亡くした人間も無数にいる。フィクションにせよノンフィクションにせよ、本はその歴然とした事実を教えてくれる。「死」があるから「生」があるという真理に気づかせてくれるのが本である。

なぜ、自分の愛する者が突如としてこの世界から消えるのか、そしてこの自分さえ消えなければならないのか。これほど不条理で受け入れがたい話はない。その不条理を受け入れて、心のバランスを保つための本がたくさん刊行されている。

もともと、読書という行為そのものにグリーフケアの機能がある。わが子を失う悲しみについて、教育思想家の森信三は「地上における最大最深の悲痛事と言ってよいであろう」と述べている。じつは、彼自身も愛する子供を失った経験があるのだが、その深い悲しみの底から読書によって立ち直ったという。

本を読めば、この地上には、わが子に先立たれた親がいかに多いかを知る。また、自分は一人の子供を亡くしたのであれば、世間には子を失った人が何人もいることも知る。これまでは自分こそこの世における最大の悲劇の主人公だと考えていても、読書によってそれが誤りであったことを悟るのである。

例えば、がんで余命一年との告知を受けたとすると、誰でも「世界でこんなに悲惨な目にあっているのは自分しかいない」とか、「なぜ自分だけが不幸な目にあうのだ」などと考えがちである。しかし、本を読めば、この地上には、がんで亡くなった人がたくさんいることや、自分より余命が短かった人がいることも知ることができる。

また、死を前にした人が、どのように生きたかを書いた本もたくさんある。例えば、俳人の正岡子規は、壮絶な闘病生活を送った末に亡くなった。彼の『病牀六尺』などを読むと、「自分は社会人として生きてきて、子供も孫もいて、それでこの世を卒業していけるなら、良いほうだな」とか、「ましな方だな」と、自分を客観的に見られる視点も得ることができる。

何のインプットもせずに、自分一人の浅知恵で死のことをあれこれ考えても、必ず悪い方向に行ってしまう。死の不安を乗り越えるには、死と向き合った過去の先人たちの言葉に触れることが望ましいと言える。

人間にとっての最大の不安は、自分が死ぬことである。人間は必ず死ぬ。では、人間は死ぬとどうなるのか。死後、どんな世界に行くのか。これは素朴にして、人間にとってもっとも根本的な問題である。あらゆる人にとって、「死」こそは最大の不安といえる。

それらの不安を取り除く本が、古来よりたくさん書かれてきた。つまり、死後の世界、「あの世」についての本である。

あの世を信じること、つまり「来世信仰」は、あらゆる時代や民族や文化を通じて、人類史上絶えることなく続いてきた。古代エジプトの『死者の書』のなかには、永遠の生命に至る霊魂の旅がまるで観光ガイドブックのように克明に描かれている。

『聖書』や『コーラン』に代表される宗教書の多くは死後の世界について述べているし、ブッダ自身は死後の世界を語らなかったが、仏教にも源信の『往生要集』などの「あの世の観光ガイドブック」がある。

なぜ死ぬのが怖いかというと、死んだらどうなるかがわからないから、つまり情報が決定的に不足しているから怖いわけである。だから、自分の信じる宗教でもスピリチュアルな本でもよいから、「死後の世界はこういう世界だ」というイメージが持てれば、死ぬことへの不安が消えることはないにせよ、少しは和らぐはずである。

さらに、古典を読むことが大切である。古典というのは、それを書いた人はすでに亡くなっている。亡くなった人の言葉に触れるというのは、死者の魂と交流しているわけである。すなわち、読書には「交霊術」という一面があるのである。読書でこの世にいない死者の言葉に触れたり、映画で死者の姿を見ることには、自分もいつかあちらの世界に行くのだということを、自然と受け入れていく機能があるのではないだろうか。

物語から学ぶ死の真実

このように、読書はグリーフケアの一助になる。では、何を読めばいいのか。ここでは誰でも読めるジャンルを提案したい。それは童話やファンタジーである。

童話のなかには、死者と生者の関係のあり方がわかりやすく書かれている優れた作品がある。童話作家たちは、いわば霊的真実をファンタジーとして一般大衆や子供たちに提供したのである。また、霊的真実をその奥底に潜ませる物語は神話や伝説などにも見られる。古代人や未開人(この言葉は嫌いであるが)の考え方、神話や伝説は超経験的事象の説明を理解するために重要な資料として神話、伝説、メルヘンがある。わたしたちが今日身のまわりの出来事において科学的説明を要求するように、古代人や未開人においては具体的かつ感覚的な説明が必要だった。それは現在のわたしたちからすれば象徴的にみえるけれども、彼らにとってはもっと直接的で切実だったのである。

彼らは、世界や人間について独自の解釈を持っており、その解釈では人間と同じ生活や感情を持つ神々や諸霊の行為が重要な働きをしていた。それが神話である。神話は人間生活のあらゆる面に行きわたっているから、死や死後の世界にも当然ふれている。それどころか、死や死後の世界というのは世界中の神話におけるメイン・テーマの一つだといってもよい。それは日本神話におけるイザナギ・イザナミのエピソードを考えてみてもわかる。

神話の他に、伝説もある。特定の種族や民族、または町、河、山などにちなむ伝説では、英雄の死によって、まったく新しいものが創生されるというパターンが多い。まず死があり、そこからの再生があるという、古代の人々の死生観の理解に役立つ。

また、いわゆるメルヘンは日本では童話と訳されることも多いが、本来は子供のための物語ではなかった。グリム兄弟の弟であるウィルヘルム・グリムによれば、最古の時代までさかのぼる信仰が超感覚的事物の具象化として言い表されたものこそがメルヘンの基調であるという。そこでは象徴と現実、此岸と彼岸とが融合していて、不可能なことが可能になると考えられる。まさに、死の観念の宝庫であると言えよう。

仏教学者の渡辺照宏は、神話、伝説、メルヘンなどの説話文学を死者儀礼とともに「人間が死をどう考えてきたか」を探る貴重な資料としてとらえた。彼は著書『死後の世界』において次のように述べている。

神話、伝説、メルヘンと儀礼とを照合することによって、古代人や未開人の死の観念について学ぶことができよう。多くの説話のうちには、すでに成立している儀礼の起源等を説明するためにあとから附加されたものも多いが、その反面においては、神話を語ること自体がすでに儀礼の一要素をなしていることも忘れてはならない。言葉は魔力を持つと信ぜられているからである。

説話はただ単に死の観念の宝庫であるだけでなく、そこに霊的真実も数多く含んでいる。だからこそ、教育思想家として大きな足跡を残したドイツのヨハネス・W・シュタイナーは、メルヘンを人間の魂の根源から湧き出てくるものとして非常に重要視した。彼は子供の心を荒廃させないためにはメルヘンを毎日聞かせてあげることが大切だと考えていたのである。

ドイツ語の「メルヘン」の語源には「小さな海」という意味がある。大海原から取り出された一滴でありながら、それ自体が小さな海を内包しているのである。メルヘンという言葉が持つこのイメージは、「メルヘンは人類にとって普遍的である」とするシュタイナーの思想を裏打ちしているようだ。多くのメルヘンは、死者の真実についても、わたしたちに伝えてくれる。

今でも、シュタイナー思想に基づいた教育を行う幼稚園では、メルヘンを読み聞かせる時間が必ずある。メルヘンはいつも、「昔々あるところに……」という言葉で始まる。シュタイナーは、それこそ、「真のメルヘン」の出だしなのだという。なぜなら、一つのメルヘンのなかには、土地や民族、あるいは時代を超えて存在する、ある共通の真理が含まれているからだという。彼は「メルヘン」というものを、民族の想像力が生み出した「民話」や、大人が子供のために書き下ろした「創作童話」と厳密に区別して考えていた。メルヘンは、「人間存在そのもの」について何か根源的なものを表しているというのである。

「死は不幸な出来事ではない」というメッセージは、多くのメルヘンで繰り返し語られてきた。シュタイナーが子供たちにメルヘンを聞かせる重要性を説いたのも、そのことと無関係ではないだろう。子供たちとは、この世にやって来る前、あの世、すなわち天上界と呼ばれる世界に住んでいた存在である。生まれたばかりの子供は、以前の故郷での生活を記憶しているとされる。その記憶はなんと七歳まで続くという。日本でも「七歳までは神の内」という言葉があった。七歳未満の子供はまだ人間界には属していないというのである。そのため、地方によっては大正時代ぐらいまで七つより小さい子供の葬儀は出さない習慣があった。

メルヘンとは、そんな別の世界からこの世へとやって来た旅人である彼らへのメッセージなのである。シュタイナー教育の代表者として知られるシュナイダーは、著書『メルヘンの世界観』において、「子どもにメルヘンを語ってきかせる真の目的は、子どもたちに、天上界での生活を過去のものとし、地上における未来に向かって信頼の念を抱いて生きていくための力を与えることなのです」（高橋明男訳）と述べている。

涙は人間がつくるいちばん小さな海

明治時代から日本では、「四大聖人」という言葉が使われた。ブッダ、孔子、イエス、ソクラテスの四人の偉大な人類の教師たちのことである。彼らはいずれも自ら本を書き残してはいないが、その弟子たちが人類全体に大きな影響を与えた本を生み出した。それが数々の仏典であり、『論語』であり、『新約聖書』であり、『ソクラテスの弁明』をはじめとする一連のプラトンの哲学書である。

それらの書物を読んでみると、ブッダも孔子もイエスもソクラテスも、いずれもが「たとえ話」の天才であったことがよくわかる。難しいテーマをそのまま語らず、一般の人々にもわかりやすく説く技術に長けていたのである。なかでも、ブッダとイエスの二人にその才能を強く感じる。だからこそ、仏教もキリスト教も多くの人々の心をとらえ、世界宗教となることができたのであろう。もう一つの世界宗教であるイスラムには『アラビアンナイト』という世界的ロングセラーがある。そして、さらにその「わかりやすく説く」という才能は後の世で宗教説話として研ぎ澄まされていき、最終的には童話というスタイルで完成したように思う。

なにしろ、童話ほどわかりやすいものはない。『論語』も『聖書』も『コーラン』も読んだことのない人々など世界には無数にいるだろうが、アンデルセン童話をまったく読んだことがない人というのは、ちょっと想像がつかない。これは、かなりすごいことではないだろうか。童話作家とは、表現力のチャンピオンであり、人の心の奥底にメッセージを届かせ、その人生に影響を与えることにおいて無敵であるとさえ思える。

「世界の三大童話作家」といえば、イソップ、グリム、アンデルセンである。世界中の子供たちが、これらの童話を両親から寝る前に読んでもらったり、また字をおぼえるやいなや自分で読んできた。日本でも、児童書といえば必ずこの三人の名前があがる。

しかし、古代ギリシャの寓話であるイソップ童話は置いておくとして、同じ童話として扱われるグリム童話集とアンデルセン童話集は根本において性格が違う。グリム童話はあくまでドイツ民族のあいだで語り継がれてきたものであり、アンデルセン童話とは一人のファンタジー作家の創作だからだ。

シュタイナーならば、グリム童話こそはメルヘンであり、アンデルセン童話は単なる創作者によるファンタジーであると言うかもしれない。実際、シュタイナー教育では、グリム童話はアンデルセン童話よりも読み聞かせにふさわしいとされている。グリム童話だけでなく、わが国の昔話や柳田國男の『遠野物語』や松谷みよ子が集めた民話などもグリムと共通する歴史的な背景がある。その意味ではたしかに、最近の児童文学やヒロイック・ファンタジーのような陳腐な作品は、メルヘンの足もとにも及ばない。

しかし、アンデルセンは別格である。彼の創作した童話には、シュタイナーのいうメルヘンの要素があるように思える。メーテルリンク、宮沢賢治、サン＝テグジュペリの作品についても同じことが言える。すなわち、彼らのファンタジー作品には、メルヘンのように「全人類の、小宇宙そして大宇宙の霊が生きている」のである。

精神科医のユングは、すべての人類の「こころ」の底には、共通の「集合的無意識」が流れていると主張したが、彼ら四人は、おそらく人類の集合的無意識とアクセスするなかで作品を産み出していたのではないだろうか。

前述のように、メルヘンはドイツ語で「小さな海」を意味し、その海は大海原の一滴ながら、海そのものを内包するという。

人類の歴史は四大文明から始まった。その四つの巨大文明は、いずれも大河から生まれた。そして、大事なことは河は必ず海に流れ込むということ、さらに大事なことは、地球上の海は最終的にすべてつながっているということである。チグリス・ユーフラテス河も、ナイル河も、インダス河も、黄河も、いずれは大海に流れ出る。人類も、宗教や民族や国家によって分断されていても、心はいつか、河の流れのように大海で合流するのかもしれない。人類には、「こころの大西洋」

や「こころの太平洋」があるのではないだろうか。それがユングのいう「集合的無意識」の本質ではないかと、筆者は考える。

そして、「小さな海」という言葉から、筆者はアンデルセンの有名な言葉を連想する。それは、「涙は人間がつくるいちばん小さな海」というものである。これこそは、アンデルセンによる「メルヘンからファンタジーへ」の転換宣言ではないかと、筆者は思うのである。

人間はどんなときに涙を流すのか。それは、悲しいとき、寂しいとき、つらいときだけではない。他人の不幸に共感して同情したとき、感動したとき、そして「こころ」の底から幸せを感じたときにも涙が流れるのである。涙は人と人との心が言葉を介さずにつながっていることの証左である。人間の「こころ」はその働きによって、普遍の「小さな海」である涙を生み出すことができるのである。人間は「こころ」の力で、人類をつなぐことのできる「小さな海」をつくることができるのである。

これは、人類の歴史における大いなる「こころの革命」であったと思う。メルヘンはたしかに人類にとっての普遍的なメッセージを秘めている。しかし、それはあくまで太古の神々、あるいは宇宙から与えられたものであり、人間が自ら生み出したものではない。ブッダ、孔子、ソクラテス、イエスといった偉大な聖人たちが誕生し、それぞれの教えを説いたときもそうだったように、アンデルセンがみずから創作童話としてのファンタジーを書き始めたときもまた、人類の「こころ」が一つの海としてつながり、救われたような気がしてならない。

筆者は、日頃よりファンタジー作品を愛読している。なかでも、アンデルセン、メーテルリンク、宮沢賢治、サン＝テグジュペリの四人の作品には、非常に普遍性の高いメッセージがあふれていると考えている。いわば、「人類の普遍思想」のようなものが彼らのファンタジー作品には流れているように思うのである。

特に、アンデルセンの『人魚姫』『マッチ売りの少女』、メーテルリンクの『青い鳥』、宮沢賢治の『銀河鉄道の夜』、サン＝テグジュペリの『星の王子さま』の五作品は、グリーフケアへのヒントをふんだんに持っており、さらには深い叡智さえ秘めている。ぜひ再読をおすすめしたい。

ハートフル・ファンタジー

アンデルセン、メーテルリンク、宮沢賢治、サン＝テグジュペリ――この四人は、ファンタジー界の「四大聖人」である。彼らの代表作である『人魚姫』『マッチ売りの少女』『青い鳥』『銀河鉄道の夜』『星の王子さま』といった童話には、宇宙の秘密、いのちの神秘、そして人間として歩むべき道などが、やさしく語られている。

『人魚姫』と『マッチ売りの少女』で、アンデルセンは「死」の秘密を語った。ともに臨死体験の物語である『青い鳥』と『銀河鉄道の夜』で、メーテルリンクや宮沢賢治は「死後」の真相を語った。そして、『星の王子さま』で、サン＝テグジュペリは「再会」の方法について語っている。

筆者はこの五つの物語を「ハートフル・ファンタジー」と勝手に名づけている。これらのファンタジーは、ある意味で現代のメルヘンと言えよう。これらの作品は、やさしく「死」や「死後」について説明してくれるばかりか、この地上で生きる道も教えてくれる。さらには、「幸福」というものの正体さえ垣間見せてくれる。これらの童話は、人類すべてにとっての大切な「こころの世界遺産」であると、筆者は確信している。

五つの物語からのメッセージ

ここで、物語が示す死の姿や、これらがもたらす癒しという点を先に挙げた五つの物語について、その概略とともに、もう少し詳しく触れていきたい。

童話の世界に「死」というテーマをもたらしたデンマーク生まれのハンス・クリスチャン・アンデルセン。彼の童話作家としての地位を確固たるものにした作品としても知られる『人魚姫』は、ディズニーが制作したアニメーション映画の原作などとしても世界的に有名な物語といえる。そのあらすじは次のとおりだ。

人魚の王のもとにいる六人の娘のうち、末娘――人魚姫が一五歳の誕生日に海上を訪れ、そこにいた人間の王子に恋をする。王子が乗った船が嵐によって難破したため、人魚姫は王子の命を救う。王子の近くにいたい人魚姫は自身の声と引き換えに人間の足を手に入れるが、王子にその思いが届くことはなく、王子は人間の姫と結婚することになる。人魚姫を案じた姉たちは、王子の命を代価に人魚姫が人魚に戻る方法を提示するが、人魚姫は王子の命を奪うことはできず、王子の結婚を祝福する。自らは海に身を投げて泡に姿を変え空気の精となり、天国へ昇っていった。

本書は人類にとって最大のテーマである愛が、痛みがなくして成立しないものであるという姿を描き出した稀代の名作である。そして同時に、同じく人類にとってもう一つの大きなテーマである死についても、作者であるアンデルセンの思想が色濃く反映されている。すなわち、人魚は人間よりも長い時間を生きることができるが、死後は海の泡になって消滅してしまう。一方、人間には死後も不滅の魂が存在し、天国へ召されることで救済されるというが、この箇所こそアンデルセンが童話に持ち込んだ死の世界とその姿であるといえる。

同じくアンデルセンが世に送り出した創作童話の一つである『マッチ売りの少女』も、死の姿を描き出したものであるといえよう。雪の降る大晦日の夜、街をさまよいながらマッチを売っていた少女は、寒さのあまり一本も売れなかったマッチをともして暖をとろうとする。マッチをともすたびに不思議な光景が浮かび、最後には亡くなったはずの祖母の姿が見えた。翌朝、街の人々は微笑みをたたえた少女の亡骸を見つけた。

この短い物語は、生者＝弱者の命を助け、死者を弔わねばならないという人の道を描き出すとともに、少女が祖母の幻とともに向かった死の世界が、新しい世界への旅立ちであり決して不幸な出来事ではないということをわたしたちに教えてくれる。

死がどんな現象であるかを描いた以上の二作品に対して、死後に向かう世界へ焦点をあてたものがベルギーの作家モーリス・メーテルリンクの『青い鳥』だ。

貧しい木こりの子供である兄・チルチルと妹・ミチルがさまざまな場所へ幸福の象徴である青い鳥を手に入れるために旅するが、結局は自分たちの飼っていた鳥が幸せの青い鳥であったというあらすじである。

本作品には多くのテーマが内包されており、特に兄妹が亡くなった祖父母と再会する「思い出の国」の箇所では、祖父が普段はよく眠るが、生者が自らを思い出すことによって目が覚めるのも楽しみと、兄妹へ自らが通常どのように過ごしているかについて述べている。

これは明確に死者の世界を描き出しているものである。しかし、チルチルとミチルが最後に現世へと帰還することを踏まえると、これは完全な死後の世界ではなく、現世と死後の世界を往復する臨死体験の物語ととらえるのが適当だろう。このように、メーテルリンクは童話世界へ「死後の世界」というテーマを持ち込んだ。

メーテルリンクがもたらした死後の世界というテーマをもとに日本の童話作家・詩人である宮沢賢治が描き出したのが、『銀河鉄道の夜』だ。当作品は宮沢の代表作ではあるが、用語のなかに多くの造語があり、なおかつ未完結のまま宮沢が夭逝してしまったこともあって作者によって完成されておらず、その全体像については今日でも議論が続くところである。しかしながら、主人公である孤独な少年・ジョバンニと、友人・カムパネルラが銀河鉄道に乗り、銀河ステーションをはじめさまざまな場所を旅していくという筋立ては共通している。

本書では、明らかにタイタニック号の犠牲者を意識していると思われる登場人物が銀河鉄道に乗り込んでくる描写のほか、死者と思われる多くの人物が銀河鉄道に乗車する。すでに述べたとおり終着駅へ向けてさまざまな星や天体を旅していくが、これは魂が肉体を離れ、どこへ向かうのかを描き出しているのと同時に、「ほんたうのさいはひ（ほんとうの幸福）」という生の目的をも描写しているととらえることができる。人が避けられない死を迎えた本人だけではなく、『銀河鉄道の夜』は遺された人間が生きなければならない理由をも読者へ明示しているのだ。

最後になったが、『星の王子さま』はフランスの作家アントワーヌ・ド・サン＝テグジュペリによる物語である。サン＝テグジュペリが死の直前に遺した本書は世界中の言語に翻訳され、全世界規模で愛読されてきた。

サハラ砂漠に不時着した操縦士である「ぼく」は、そこにいた、ある小惑星から地球へ訪れた王子から、地球にたどりつくまでの旅の物語と、地球でのキツネとの交流の話を聞く。「ぼく」は日々飛行機の修理をめざすが、砂漠で水がなくなってしまい、命の危機に瀕した。王子の助言を容れ、奇跡的に井戸を発見した二人は命脈をつなぎ、飛行機の修理も完了した。そして「ぼく」が砂漠から飛び立とうとするとき、王子もまた、体をおいて自らの小惑星へ帰った、というのが同書のあらすじである。

本書は「大切なものは、目に見えない」という極めて有名なテーマとともに、じつに多くのシンボルやメタファーにあふれている。幼児や児童向けという体裁ではあるが、実際には大人が読んでこそ本当に理解できる内容であると筆者はとらえている。とくに死に関するテーマをもって本書を見たとき、もっとも重要な意味を持つのはそのラストシーンであろう。先に触れたとおり、本書の最後で王子は地球に体をおいて自らの小惑星へと旅立つ。それは王子が命をおいて元来た場所へ帰還したということであり、『人魚姫』や『マッチ売りの少女』と同様に、主人公が命を失うことで物語の幕が閉じる。しかし、王子の死自体よりも、それを乗り越えた先にある王子との再会への希望を強く意識した記述になっていることが同書の特徴であろう。

そして、メルヘンが子供へのメッセージだとするならば、これらのファンタジーは老人へのメッセージと言えるかもしれない。「死」の本質を説き、本当の「幸福」について考えさせてくれる物語。それは、読む者すべてに「老いる覚悟」と「死ぬ覚悟」を自然に与えてくれる。

これまで数え切れないほど多くの宗教家や哲学者が「死」について考え、芸術家たちは死後の世界を表現してきた。医学や生理学を中心とする科学者たちも「死」の正体をつきとめようとして努力してきた。それでも、今でも人間は死に続けている。死の正体もよくわかっていない。実際に死を体験することは一度しかできないわけだから、人間にとって死が永遠の謎であることは当然だと言えるだろう。

少し前に、「私のお墓の前で泣かないでください」という歌詞で始まる「千の風になって」という歌が大ヒットした。現実の葬儀の場面でも、この不思議な歌を流してほしいというリクエストが現在も絶えない。喪失の悲しみを癒す物語をこの歌が与えてくれることに多くの人々が気づき、求めたわけである。

なぜ、自分の愛する者が突如としてこの世界から消えるのか、そしてこの自分さえ消えなければならないのか。これほど不条理で受け入れがたい話はない。その不条理を受け入れて、心のバランスを保つためには、物語の力ほど効果があるものはない。これこそ読書がグリーフケアの一助になるゆえんである。

どんなに理路整然とした論理よりも、物語のほうが人の「こころ」に残るものである。ぜひ、五つのファンタジー作品を「死」という視点から再読していただき、そこに込められた深いメッセージに触れていただきたいと願っている。

ケース5　ケアとしての「映画鑑賞」

読書と並んで、効果的なグリーフケアの行為は映画鑑賞である。

これまでに死ななかった人間はいないし、愛する人を亡くした人間も無数にいるという事実を教えてくれる映画、「死」があるから「生」があるという真理に気づかせてくれる映画、死者の視点で発想するヒントを与えてくれる映画などを鑑賞することが望ましい。

筆者は、映画をはじめとした動画撮影技術が生まれた根源には、人間の「不死への憧れ」があると考えている。映画と写真を比較すると、写真は、その瞬間を「封印」するという意味において、「時間を殺す芸術」などと呼ばれる。

一方、動画は、かけがえのない時間をそのまま「保存」するので「時間を生け捕りにする芸術」である。そのことは、わが子の運動会などの様子をビデオカメラで必死に撮影する親たちの姿を見ても理解できよう。

「時間を保存する」ということは、「時間を超越する」ことにつながり、さらには「死すべき運命から自由になる」ことに通じる。写真が「死」のメディアなら、映画は「不死」のメディアなのである。だからこそ、映画の誕生以来、無数のタイムトラベル映画が作られてきたのではないだろうか。そう、映画で今まで一番多く作られたのは、「時間を超越する」映画であるという。時間を超越するタイムトラベルを夢見る背景には、現在はもう存在しない死者に会うという目的があるように思えてならない。

筆者は、すべての人間の文化の根底には「死者との交流」という目的があるという「唯葬論」なる仮説をもっている。そして、映画そのものが「死者との再会」という人類普遍の願いを実現するメディアでもあると考えている。そう、映画を観れば、筆者は大好きなヴィヴィアン・リーやオードリー・ヘップバーンやグレース・ケリーにだって、三船敏郎や高倉健や菅原文太にだって会えるのである。

臨死体験としての映画鑑賞

映画は、いわゆる「総合芸術」と言われている。

アカデミー賞の各賞の多さをみてもよくわかるように、監督、脚本、撮影、演出、衣装、音楽、そして演技といった、あらゆる芸術ジャンルの結晶だからである。

最近、茶道に関する資料を読んだところ、「総合芸術と呼ばれるジャンルは、映画、演劇、茶道の三つである」と書かれていて納得した。

筆者は、演劇と茶道には共通性があると考える。演劇とはもともと古代の祭式、つまり宗教儀式から派生したものである。そして茶道は、「茶を点てる」という給仕行為を儀式化し、芸術にまで高めた。

では、映画と儀式は関係あるのだろうか。筆者は年間多くの映画を鑑賞し、映画のブログも書いているほどの映画好きであるが、映画館に入って場内が暗くなるといつもわくわくする。そして束の間、映画の世界に耽溺したあとは、場内が再び明るくなり、日常が戻ってくる。その間の特別な時間と空間の感覚は、あの暗闇があってこそ成立していることに、あるとき気づいた。

改めて考えると、映画の最初に流れる映画会社のクレジット（オープニング・ロゴと呼ばれる）や、最後に流れるエンドロールは、儀式的な要素を満たしている。映画を観ることが非日常の時間に突入することだと考えると、オープニング・ロゴはその「開始」を、エンドロールは非日常の「終了」を告げる儀式そのものである。

古代の宗教儀式は洞窟のなかで生まれたという説があるが、その意味では洞窟も映画館も暗闇の世界である。映画館という人工洞窟の内部において、わたしたちは古代の宗教行事に通じる臨死体験をするように思えてならない。闇とは「死」の世界であり、光とは「生」の世界である。つまり、闇から光（映画）を見るというのは、死者が生者の世界を覗き見るという行為にほかならない。死者の世界のなかに入っていくためにオープニング・ロゴという儀式、そして生者の世界に戻るにはエンドロールという儀式が必要とされるのかもしれない。

こう考えてくると、映画館に入るたびに、観客は死の世界に足を踏み入れ、臨死体験をしているわけである。筆者自身、映画館で映画を観るたびに、死ぬのが怖くなくなる感覚を得るのだが、それもそのはず。映画館を訪れるたびに、死を模擬体験し、生者として現実世界に蘇っていたのである。

三島由紀夫の『ぼくの映画をみる尺度』には「忘我」という秀逸なエッセイが収められている。そこで三島は「どうしても心の憂悶の晴れぬときは、むかしから酒にたよらずに映画を見るたちの私は、自分の周囲の現実をしばしが間、完全に除去してくれるという作用を、映画のもっとも大きな作用と考えてきた」と書いている。

筆者は三島と違って酒も飲むが、どうしても現実を忘れたいときに映画を観るのは彼と同じである。そうして筆者は現世の憂さを忘れるのだが、最も忘れている現実とは「死すべき運命にある自分」であろう。

幽霊映画とグリーフケア

筆者は映画のなかでも特に心霊ホラー映画を好む。また、怪談も大好きである。日本において怪談は「慰霊と鎮魂の文学」である。死者の思いを想像することで、残された人々は自分の悲しみを整理し、癒されていくのである。怪談は一種の「グリーフケア文学」だといえる。

例えば、東日本大震災の直後、被災地では幽霊の目撃談が相次いだ。津波で多くの犠牲者を出した場所でタクシーの運転手が幽霊を乗車させたとか、深夜に三陸の海の上を無数の人間が歩いていたといった噂が、津波の後に激増したというのである。

このことは、被災地で霊的な現象が起きているというよりも、人間が「幽霊を見るサル」であり、「死者を想うヒト」であることを物語っている。故人への思い、無念さが「幽霊」を作り出しているのである。そして、人から人へとこうした噂が広まっていくこともまた、一種のグリーフケアなのであろう。

夢枕・心霊写真・降霊会といったものも、グリーフケアにつながる。死者からのメッセージを伝える恐山のイタコや沖縄のユタも、まさにグリーフケア文化そのものである。

心霊ホラー映画の主役は幽霊である。その幽霊は現世に恨みや悔いを残しているものが多い。一方、優しい幽霊のことを「ジェントル・ゴースト」という。彼らは、この世に強い想いや未練を残していった者たちであり、愛する人たちの悲哀を慰めたり、前向きに生きていくのを陰ながら応援したりするのである。これなどまさにグリーフケアである。

読書や映画がそうであるように、人間の「こころ」にとって、「物語」はこれほどまでに大きな力を持っている。わたしたちは、毎日のように理不尽で受け入れがたい現実と向き合う。じつはそのときも、物語の力を借りて、自分の「こころ」の「かたち」に合わせて現実を転換している。物語というものがあれば、人間の「こころ」はある程度は安定できるものなのである。

逆に、どんな物語にも収まらないような得体の知れない不安を抱えていると、心はいつもぐらぐらと揺れ動く。死別の場合であれば愛する人の死をいつまでも引きずっていくのである。

極論を怖れずに言うなら、仏教やキリスト教などの宗教も、大きな物語だと言っていいのかもしれない。「人間が宗教に頼るのは、安心して死にたいからだ」と断言する者もいるが、それだけではないはずである。たしかに強い信仰心の持ち主は、死後の再生を確信するがゆえに、死の不安は小さいだろう。また、宗教を迷信だと一蹴して嫌う者もいる。でも面白いのは、そういった人に限って、幽霊話を信じるケースが多かったりするのである。

宗教が説く「あの世」は信じないけれども、幽霊の存在を信じるというのは、どういうことか。それは結局、人間の正体が肉体を超えた「たましい」であり、死後の世界があると信じることにほかならない。宗教とは無関係に、霊魂や死後の世界を信じたいのである。幽霊話にすがりつくとは、そういうことなのではないかと考える。

そして、怪談や心霊ホラー映画が、物語の力で死者の霊を慰め、魂を鎮め、生者の悲しみを癒す文化装置であるように、葬儀もまったく同じ機能を持っていることに気づくのである。

先述したように、死者が遠くに離れていくことをどうやって表現するかということが、葬儀の大切なポイントの一つである。それをドラマ化して、物語とするところに、葬儀の存在意義がある。また、こちらも既述のとおり、仏教を支える成仏の物語はその最たるものだ。この物語が癒しを与えてくれるのである。

葬儀で、怪談で、心霊映画で、いずれにおいても人類は物語の癒しによって「こころ」を守ってきたのである。こうした物語に触れることは、変化のない日常に非日常的な亀裂を入れることで日常の価値を再評価し、毎日を生き生きと生きるためにも必要なことである。実際、心霊映画を観るたびに、筆者の想像力は大いに刺激され、死後の世界を自然に連想することによって、次第に死ぬのが怖くなくなっていく。

最後に、グリーフケアの観点から筆者がすすめる本と映画をいくつかリストアップしておくので、ぜひご覧いただければ幸いである。

◆死を乗り越えるブックガイド◆

『星の王子さま』サン＝テグジュペリ著、河野万里子訳（新潮文庫）

世界中の人々から愛されるファンタジー。大人のためのメッセージ・ブック。ファンタジーの世界にアンデルセンは初めて「死」を持ち込み、メーテルリンクや賢治は「死後」を持ち込み、サン＝テグジュペリは死後の「再会」を持ち込んだ。

『銀河鉄道の夜』宮沢賢治著（新潮文庫）

この幻想的な物語は、死が霊的な宇宙旅行であり、死者の魂は宇宙へ帰ってゆくという真実をうまく表現している。主人公のジョバンニが死後の世界からの帰還後、「ほんとうの幸福」の追求を決意する点が心を打つ名作。

『やがて死ぬけしき』玄侑宗久著（サンガ新書）

私たちは、どのように死と向き合えばよいのか？　商品化される墓や葬儀、大震災と死、がん治療や新薬の登場まで、現代の死の様相を考えるとともに、いろは歌や高僧の言葉に耳を傾けながら、日本人の死生観の変遷を辿る。

『老いの才覚』曽野綾子著（ベスト新書）

超高齢化社会に生きる日本人は、自立した老人になるための老いる力、すなわち「老いの才覚」を持つことが求められている。日本を代表する女流作家であり、日本財団会長も務めた著者が、老いの才覚を得るために必要な７つの力を説く。

『メメント・モリ～死を想え』藤原新也著（朝日新聞出版）

写真家・作家である著者が写真と文章で綴ったフォトエッセイ。その力強いメッセージと、芸術性の高い写真が、生と死の世界を鮮やかに描きだす。

「死後の世界」とは、心が選び取った世界、心が編集したイメージであることを実感する一冊。

『日本人の死生観を読む』島薗進著（朝日新聞出版）

東京大学大学院の教授が「日本人の死生観」をテーマに語る。日本人はどのように死と生を考えてきたのか？を、武士道から特攻隊員、さらには常民の暮らしにあるお盆や墓参り、死者の霊魂や他界観まで踏み込んだ一冊。

『超訳　古事記』鎌田東二著（ミシマ社）

「古事記」は、８世紀に政治的意図をもって編纂されたもの。しかし、その中には、きわめて古い普遍的な神話がたくさん保存されている。世界の諸文明の中でも、例のない「古事記」の世界を宗教学者の著者がわかりすく書き下ろした入門書。

『愛する人を亡くした人へ』一条真也著（現代書林）

「愛する人を亡くしたとき、人はその悲しみ、喪失感にどう立ち向かっていけばいいのか」——死に直面した人の心に、愛という水を注ぎ込む、現代人のための心の書。15通の手紙の形式で書かれたグリーフケアの名著。

『はじめての「論語」～しあわせに生きる知恵』一条真也著（三冬社）

孔子は、「どうすれば、幸せに生きることができるか」を考えた人。『論語』とは、わたしたちがどのように生きるべきかを説く書。お子さんやお孫さんと一緒に『論語』を学ぶことをイメージして書かれた児童書。入門書として最適な一冊。

◆死を乗り越える映画ガイド◆

『リメンバー・ミー』監督　リー・アンクリッチ

ディズニー／ピクサーのアニメ映画で、第90回アカデミー賞、「長編アニメーション賞」と「主題歌賞」の2冠に輝く。「死」というテーマをよくぞここまで見事なエンターテインメントにしてくれた秀作。アニメは大人も感動できることを再認識。

『この世界の片隅に』監督　片渕須直

『夕凪の街　桜の国』などで知られる、こうの史代のコミックをアニメ化。戦時中の広島県呉市を舞台に、ある一家に嫁いだ少女が戦禍の激しくなる中で懸命に生きていこうとする姿を描く。市井の生活を壊していく戦争の恐ろしさを痛感。

『母と暮せば』監督　山田洋次

原爆で壊滅的な被害を受けた長崎を舞台に、この世とあの世の人間が織り成す不思議な物語を映し出す。母親を名女優吉永小百合が演じ、息子を二宮和也が好演。ほのぼのとした中にも戦争の爪痕を感じる展開に涙腺が緩む。

『エンディングノート』監督　砂田麻美

１人のモーレツ・ビジネスマンが６７歳で退職後、がんの宣告を受ける。段取り人間として知られた主人公は、自身の葬儀までの段取りを記したエンディングノートを作成する。監督は主人公の三女、最後までカメラを回し続けている姿が胸を打つ。

『おくりびと』監督　滝田洋二郎

第81回アカデミー賞の外国語映画賞。ひょんなことから遺体を棺に納める"納棺師"となった男が、仕事を通して触れた人間模様や上司の影響を受けながら成長していく姿を描いた感動作。主演の本木雅弘がみせる見事な納棺技術に注目。

『おみおくりの作法』監督　ウベルト・パゾリーニ

イギリス・イタリア合作映画。たったひとりで亡くなった方の葬儀を行う仕事——新聞記事を読んだ監督が、ロンドン市内の民生係に同行し、実在の人物、出来事について綿密な取材を重ね、几帳面で誠実な地方公務員ジョン・メイの物語を描く。

『サウルの息子』監督　ネメシュ・ラースロー

第68回カンヌ国際映画祭グランプリ。強制収容所に送り込まれたユダヤ人が辿る過酷な運命を、同胞をガス室に送り込む任務につく主人公サウルに焦点を当て、サウルが見たであろう痛ましい惨劇を見る者に想像させながら描いた感動作。

『裸の島』監督　新藤兼人

モスクワ国際映画祭でグランプリをはじめ、数々の国際映画祭で受賞、世界60カ国以上で上映。セリフを排した実験的な作品で、孤島で自給自足の生活を行う４人の家族の葛藤を描く。淡々と描かれる映像美が心に染みる。

『東京物語』監督　小津安二郎

カメラを固定して人物を撮る「小津調」と形容される独自の演出技法で、家族を丁寧に描く代表作。家族という共同体が年を経るとともにバラバラになっていく現実を、独特の落ち着いた雰囲気でつづる。現代も色あせない一本。

『生きる』監督　黒澤明

名匠クロサワが描いたヒューマンドラマの名作。癌で余命幾ばくもないと知った初老の男性が、これまでの無意味な人生を悔い、最後に市民のための小公園を建設しようと奔走する。ラストのブランコのシーンは映画史に刻まれている。

【参考文献】

アルフォンス・デーケン『死とどう向き合うか』ＮＨＫライブラリー、1996年
同　『よく生きよく笑いよき死と出会う』新潮社、2003年
Ｅ・Ａ・グロルマン『愛する人を亡くした時』春秋社、2003年
髙木慶子『悲しんでいい』ＮＨＫ出版新書、2011年
小此木啓吾『対象喪失』中公新書、1979年
渡辺照宏『死後の世界』岩波新書、1959年
ルドルフ・シュタイナー『メルヘン論』書肆風の薔薇、1990年
森信三『人生論としての読書論』致知出版社、2011年
一条真也『愛する人を亡くした人へ』現代書林、2007年
同　『死が怖くなくなる読書』現代書林、2013年
同　『死を乗り越える映画ガイド』現代書林、2016年
同　『のこされた あなたへ』佼成出版社、2011年
同　『儀式論』弘文堂、2016年
同　『唯葬論』三五館、2015年
同　『涙は世界で一番小さな海』三五館、2009年
佐久間庸和『ハートフル・カンパニー』三五館、2006年
同　『ホスピタリティ・カンパニー』三五館、2011年
同　『ミッショナリー・カンパニー』三五館、2016年

あとがき

「グリーフケア」という実に繊細微妙な心やスピリチュアリティの領域になぜ自分が関わるようになったのだろうか、としばしば自らに問いかけることがある。

高校生の頃、将来絶対になりたくなかった職業と立場が二つあった。学校の教師と宗教家である。両者とも臆面もなく説教すると思っていたからである。だから、その二つにだけはなりたくなかった。何よりも説教が嫌いで、説教臭い人にも場所にも近寄りたくなかった。彼らは言行不一致の象徴に見えた。今は少し変わってきたが、説教嫌いはまったく変わらない。

だが、人生というのは皮肉なものである。大学院を修了して最初に勤めたのが高校だった。高校教師という、高校生の頃に一番なりたくなかったものになってしまった。そのとき思った。もうこのなかに飛び込んだからには底まで沈むほかない、とことんやるっきゃない、と。

そこで国語教師を六年間勤めた後、次に専門学校で四年間働いた。そこでは神道や倫理学のほか、教育実習の見回りで毎週一回関東一円の幼稚園を訪問した。その次が短期大学に一二年勤めた。ここでは哲学や文化人類学や道徳教育の研究のほか、教育実習の訪問も担当した。その後に芸術大学で五年間、宗教学や哲学や民俗学や地域文化演習や環境文化論などを担当した。それから研究センターに移り、八年間、研究活動のほか、大学院で臨床教育学や沖縄研究やこころ学入門などを担当し、そして現在、上智大学グリーフケア研究所で宗教学やスピリチュアルケアと芸術や日本の宗教と文学などを担当しながら「グリーフケア」の領域にぬきさしならない形で関わることとなった。

皮肉な人生、犬も歩けば棒に当たる人生、捕らぬ狸の皮算用人生であるといつも思う。高校生の頃、私は詩人か芸術家か武道家になって武者修行の旅に出たかった。しかし考えてみれば、この教育現場での経験は一つの厳しくも学びの深い修行の場であり、そこで私はさまざまな悲嘆現場に遭遇し、生徒や学生や保護者や教員の悲嘆の現場を垣間見てきた。

そうした過程で、四〇年以上島薗進氏とは深い交わりを持ち、佐久間庸和氏とは三〇年近く兄弟のような付き合いをしてきたが、私にとって兄弟とも同志とも同朋とも言える同僚と共著で『グリーフケアの時代』という書名の本を出すことができることを、何とも言えない不思議な僥倖のような、宿命のような、ただならぬ因縁というものを感じている。

グリーフケア（Grief Care）とは、さまざまな種類の喪失などによる悲嘆（グリーフ：Grief）に向き合い寄り添うケアのことで、広義のスピリチュアルケア（Spiritual Care）の一つである。拙編著『講座スピリチュアル学』全七巻の第一巻『スピリチュアルケア』（BNP、二〇一四年）や拙稿「スピリチュアルケアと歌物語」（『スピリチュアルケア研究創刊号』日本スピリチュアルケア学会、二〇一七年九月発行）などで、私はスピリチュアルケアを「嘘をつけない自分や他者と向き合い、対話的な関係を結び開いていく試みとその過程」と捉え、「スピリチュアリティ（Spirituality）」を、嘘のつけない、ごまかしのきかない、心の深みや魂の領域とはたらきだと考えてきた。この領域は実に具体的でデリケートで簡単に割り切ることができないが、リアルかつ切実に迫ってくる。その、まことに難しく、しかし重要なケアの領域にしっかと連携しつつ三人三様のアプローチで問題提起したのが本書である。

本書がこの時代の「グリーフ」の理解とケアに少しでも役立つところがあれば幸いである。関係各位に心から感謝の意を表したい。

二〇一九年七月

鎌田東二

グリーフケアの時代――「喪失の悲しみ」に寄り添う

2019（令和元）年 8 月 30 日　初版 1 刷発行

著　者　島薗 進・鎌田東二・佐久間庸和

発行者　鯉 渕　友 南

発行所　株式会社　弘 文 堂　101-0062　東京都千代田区神田駿河台1の7
TEL 03(3294)4801　振替 00120-6-53909
https://www.koubundou.co.jp

編集協力　内 海 準 二
組　　版　渡 邊 志 保
装　　丁　神 長 文 夫＋坂入由美子
印　　刷　三報社印刷
製　　本　井上製本所

ISBN 978-4-335-16094-3